SERIE
COMENTADO

S

LA PALABRA EN EL CAMINO Y OTROS MENSAJES BÍBLICOS

Valentín González-Bohórquez

EDITORIAL PORTAVOZ

La misión de Editorial Portavoz consiste en proporcionar productos de calidad –con integridad y excelencia–, desde una perspectiva bíblica y confiable, que animen a las personas en su vida espiritual y servicio cristiano.

La Palabra en el camino y otros mensajes bíblicos. De la *Serie de bosquejos comentados para predicadores.*

© 2002 por Valentín González-Bohórquez y publicado por Editorial Portavoz, filial de Kregel Publications, Grand Rapids, Michigan 49501. Todos los derechos reservados.

EDITORIAL PORTAVOZ
P.O. Box 2607
Grand Rapids, Michigan 49501 USA

Visítenos en: www.portavoz.com

ISBN 0-8254-1272-2

1 2 3 4 5 edición / año 06 05 04 03 02

Impreso en los Estados Unidos de América
Printed in the United States of America

Apolo 15.
Astronauta.

Contenido

Primera parte

Temas diversos

Oración

Jesucristo, nuestro modelo de oración 11
Señor, enséñanos a orar 13
Pablo, una vida de oración 15
Buscadme y viviréis 17
Cuatro preguntas sobre la oración 19
El recurso más importante 21
La oración y la evangelización 23

Consagración

Entrega total 25
Hora de decisión 27

La iglesia

La iglesia en el nuevo milenio (Primera parte) 29
La iglesia en el nuevo milenio (Segunda parte) 31
El milenio y la mentalidad de langosta 33
La generación bendita 35
Dios y el pueblo hispano 37
La misión de la iglesia 39
Construyendo en unidad 41

La segunda venida

Cinco maneras de esperar la venida de Cristo 43
Cuando el Hijo del Hombre vuelva 45

Evangelización y misiones

Los cuatro verbos activos de la evangelización 46

Historia de dos ciudades 49
Jesús ama la ciudad 51
Nuestra misión al mundo 53

Vida cristiana
Diez mandamientos para una vida cristiana feliz
    (Primera parte) 55
Diez mandamientos para una vida cristiana feliz
    (Segunda parte) 57
La excelencia en el pueblo de Dios (Primera parte) 59
La excelencia en el pueblo de Dios (Segunda parte) 61
Creciendo en Cristo 64
En las manos de Dios 66
La dignidad del evangelio 67
Imitando a Cristo 69
Amarás al Señor tu Dios... 70
Dos clases de cristianos 72
Ocúpate en la lectura 74
¡Sigue adelante... alcanza tus metas! 76
¿Y tú a quién le cantas? 78
Tres cosas que necesitamos 80
Otras tres cosas que necesitamos 82
Cumpliendo la visión 84
Barreras al crecimiento 86

Pastores
Dos cosas vitales 88

Bodas
Las cuatro bases del matrimonio 91

La familia cristiana
Sometidos en amor 93

Juventud
Una juventud ejemplar 95

Contenido

El problema del dolor
El problema del dolor 97
Esperanza para hoy — y mañana 100

La muerte
¿Qué es la muerte? 102
Más que vencedores 104

La voluntad de Dios
La voluntad general de Dios 106
La voluntad de Dios... para mí 108

El Sermón del Monte
La paradoja de las bienaventuranzas (Primera parte) 110
La paradoja de las bienaventuranzas (Segunda parte) 112
Minas de sal y transmisores de luz 114
Jesús y el Antiguo Testamento 116
Pecados del corazón 118
Jesús y el divorcio 120
Jesús y los juramentos 122
Muriendo a nosotros mismos 124
Un camino más excelente 127
Jesús y las buenas obras 129
Jesús y el ayuno 130
Haceos tesoros que no perezcan 133
Los ojos y la codicia de la vida 135
Echando fuera toda ansiedad 137
El juzgar a los demás 139
¿Una puerta estrecha? 141
Firmes en Cristo 142
La obediencia a Cristo 143
Fundados sobre la Roca 145

Parábolas del reino
El reino y la mostaza 147
Lo aparente y lo real 148
La levadura de Dios 150

¡Mi todo por el reino! 153
¡Lanza la red! 155

Segunda parte

Fechas especiales

Nuevo año
En este nuevo año: Pedid, buscad, llamad 159
En este nuevo año: Primero lo primero 161
Tres deseos para el nuevo año 163
El año agradable del Señor 165
¡La carrera ha comenzado! 167

Día del amor
Amor es amar 169
Dos clases de amor 171
Amor sin medida 173

Semana Santa
(Para el Domingo de Ramos):
     Los dos Mesías 175
La bienvenida al Rey 177
(Para el Viernes Santo):
     El desamparo de Jesús 179
(Para el Domingo de Resurrección):
     Las cuatro victorias de la resurrección 180
(Para el domingo después de Resurrección):
     La Palabra en el camino 182

Día de las madres
Ser madre en tiempos de peligro 184
¿Qué es una madre? 186
Una madre cristiana 188

Día de la Reforma (31 de octubre)
Lo que logró la Reforma 190

Día de Acción de Gracias
Dando gracias en todo 192

Navidad
"No temas" 194
"Has hallado gracia" 196
"Y todos los que lo oyeron, se maravillaron" 198
Las dos venidas de Cristo 200
¿Qué Niño nos es éste? 203
Cuatro cosas que pueden arruinar tu Navidad 205
El Magnificat, el canto de María 207

PRIMERA PARTE

TEMAS DIVERSOS

Oración

Jesucristo, nuestro modelo de oración
Lucas 18:1

Introducción. Como en todos los demás aspectos de nuestra vida, Jesucristo es nuestro supremo modelo en cuanto a la vida de oración. Si Él, siendo el Hijo de Dios y Dios mismo, tuvo necesidad en su naturaleza humana de una búsqueda constante de su Padre celestial, cuánto más nuestra vida depende de mantener abierta nuestra comunicación con Dios.

1. **Necesidad de orar siempre.** Lucas 18:1-7. Jesús enfatiza en esta parábola la necesidad de orar siempre, en todas las circunstancias, cuando las cosas van bien y cuando van mal, cuando estamos persiguiendo un objetivo personal, familiar o de la iglesia, y cuando no lo estamos persiguiendo. Haciendo eco de esta parábola, Pablo dijo: "Orad sin cesar" (1 Ts. 5:17).

2. **La oración en la vida diaria de Jesús.**
   1) *Antes de iniciar su ministerio oró y ayunó durante cuarenta días. Mateo 4:1-11.* De allí tomó el poder, la unción y la dirección clara del Padre para confrontar los poderes de las tinieblas y para tener éxito en su misión.
   2) *Jesús oraba cada madrugada antes de iniciar las actividades del día.* Marcos 1:35-38. Un pasaje muy revelador en el sentido de que la oración era la fuente del poder y el atractivo de la vida de Jesús para la gente que le seguía.
   3) *Jesús oró antes de elegir a sus discípulos (para tomar decisiones).* Lucas 6:12-13. Pasó toda la noche hablando con el Padre acerca de las personas a quienes debía elegir para ser sus apóstoles.
   4) *Oró después de los eventos importantes de su vida para*

vencer la tentación. Marcos 6:45-47, nos muestra cómo Jesús, después del milagro de la multiplicación de los panes y los peces, prefirió irse a solas a orar, antes que dar lugar a que la fama, el prestigio y la popularidad pudieran arruinar su ministerio.

5) *Oró en el momento más importante de su vida.* Mateo 26:39-42. En el huerto de Getsemaní, la noche que fue entregado, Jesús enfrentó su máxima tentación: la posibilidad de buscar otro camino en cambio de ir a la cruz. Pero allí se rindió diciendo: "No se haga mi voluntad sino la tuya."

3. **Jesús nos enseñó a orar.** Mateo 6:5-15. El Padrenuestro es la quintaesencia de la oración, es la norma, la química, la manera correcta de elevar nuestras oraciones delante de Dios. Es la más espléndida enseñanza bíblica sobre la oración.

Conclusión. Como lo hizo Jesús, hagamos también nosotros de la oración una profunda disciplina. De allí viene el poder para nuestras vidas personales, para nuestras familias, para la iglesia y para la salvación y liberación del mundo.

Señor, enséñanos a orar
Mateo 6:7-15

Introducción. El Padrenuestro es la química de la oración. A través de esta oración, Jesucristo nos enseñó la metodología de la oración, esto es, los elementos que están envueltos en el ejercicio de la oración, tanto de parte nuestra como de parte de Dios.

1. **Padre nuestro.** Jesús nos enseñó que nuestras oraciones deben ser dirigidas al Padre, en el nombre del Hijo y por el poder del Espíritu Santo. También nos indica que Aquel a quien oramos es nuestro Padre, de modo que vamos delante de Él con confianza y seguridad.

2. **Que estás en los cielos.** Nuestro Padre vive en un lugar específico del universo que se llama el cielo. Él es una Persona. Hacia el cielo dirigimos entonces nuestras oraciones con la certeza de que somos escuchados.

3. **Santificado sea tu nombre.** Nuestro Dios es santo. Es un Dios justo y perfecto y la única manera de estar en su presencia es pidiendo perdón por nuestros pecados y siendo aceptados por Él por la obra que Cristo hizo en lugar nuestro en la cruz.

4. **Venga tu reino. Hágase tu voluntad como en el cielo, así también en la tierra.** Cuando reconocemos que Dios es santo y perfecto, entonces entendemos que la única forma de seguirle es rindiendo nuestra voluntad caprichosa a Él, para que Él tome control de nuestra vida.

5. **El pan nuestro de cada día, dánoslo hoy.** Dios se interesa no solamente en nuestra parte espiritual sino también en la material. Cuando caminamos en su voluntad, Él nos da el pan de cada día, es decir, nos da la inteligencia y los

medios para que podamos proveernos de los medios materiales. Él nos da todo lo que es verdaderamente necesario para una vida digna.

6. **Perdónanos nuestras deudas, como nosotros perdonamos...** Una de las cosas maravillosas de nuestra relación con Dios es que Él nos perdona y olvida nuestros pecados. Pero, un requisito básico de este perdón es que nosotros también perdonemos a los que nos han ofendido.

7. **No nos metas en tentación, mas líbranos del mal.** ¿Dios nos mete en tentación? Según Santiago 1:13-15, somos nosotros mismos quienes dejamos que la tentación nos seduzca y termine produciendo, como resultado, la muerte espiritual. No demos lugar a la tentación, resistámosla con la Palabra de Dios.

Conclusión. Porque tuyo es el reino, y el poder, y la gloria. Todo el universo y nuestras vidas han sido creados para expresar el poder y la gloria de Dios. Rindámonos ante este Dios maravilloso, a quien podemos llamar Padre Nuestro.

Pablo, una vida de oración
Hechos 9:10-12

Introducción. Por encima de sus demás virtudes, el apóstol Pablo era un hombre de oración. La base de su experiencia cristiana y de su ministerio radicaban en una vida de profunda y continua comunión con Dios.

1. La oración en la vida diaria de Pablo
   1) Oraba desde su conversión. Hechos 9:10-12.
   2) Fue llamado a las misiones mientras él y la iglesia de Antioquía oraban. Hechos 13:1-3.
   3) Oraba y alababa a Dios mientras estaba en prisión (o en problemas). Hechos 16:23-34.
   4) Oraba en situaciones de extremo peligro, en medio de la tormenta, yendo preso hacia Roma. Hechos 27:21-25.
   5) Oró por los demás, aun cuando él mismo estaba en dificultades. Hechos 28:7-9
   6) Oraba continuamente por las iglesias que había fundado, como por las que no había fundado. Romanos 1:9; 1 Corintios. 1:4; Efesios 1:15-17; Filipenses 1:3-6; Colosenses 1:3-4; 1 Tesalonicenses 1:2-3; 2 Tesalonicenses 1:3.
   7) Oraba por los individuos, tanto por los que eran sus hijos espirituales, como por otros creyentes. 2 Timoteo 1:3; Filemón 4.
   8) Pedía que otros oraran por él. Efesios 6:18-20; 1 Corintios 1:11; 2 Tesalonicenses 3: 1-2; Colosenses 4:2-4.
2. Enseñanza de Pablo sobre la oración
   1) Exhorta a los creyentes a orar sin cesar. 1 Tesalonicenses 5:17.

2) Enseña que las relaciones entre los cristianos deben estar siempre impregnadas de oración. Efesios 5:18-20.

3) Instruye a la iglesia a interceder por todas las personas. 1 Timoteo 2:1-4.

4) Enseña que el Espíritu Santo interviene en nuestra oración. Romanos 8:26-27.

5) Nos recuerda que la oración es un sacrificio vivo que ofrecemos a Dios. Romanos 12:1.

6) Enseña que debemos orar en el espíritu, pero también con el entendimiento. 1 Corintios 13:15.

7) Nos exhorta a no afanarnos, sino a presentar nuestras peticiones delante de Dios. Filipenses 4:6.

Conclusión. La clave del poder y el éxito del ministerio de Pablo radicaban en su vida de oración profunda. Los cristianos somos llamados a seguir este modelo.

Buscadme y viviréis
Amós 5:4

Introducción. La necesidad más urgente de todo cristiano es mantener una relación fresca, renovada y verdadera con Dios. Él mismo nos pide que le busquemos para que tengamos vida. Veamos algunas maneras como Dios quiere que le busquemos en oración:

1. **Buscándole en arrepentimiento y conversión.** Ocurre en el momento en que entregamos nuestra vida al Señor para ser salvos. Lucas 24:47; Hechos 2:37-38; 2 Pedro 3:9.

2. **Buscándole en alabanza.** Es la expresión de regocijo y de exaltación que hacemos a nuestro Dios por lo que Él es. En cántico y oración. 2 Crónicas. 29:31; Salmo 50:23; Salmo. 95:2; Hebreos 13:15.

3. **Buscándole en peticiones (ruegos, súplicas).** Pidiendo a Dios por algo específico en cualquier circunstancia y necesidad. Salmo 37:4; 1 Juan 5:15.

4. **Buscándole en adoración y consagración.** Es entrar en la presencia de Dios para contemplar su hermosura y adorarle por su majestad y su gloria. También oímos su voz en adoración. Es la forma más elevada de comunión e intimidad con Dios. Es consagración total. Generalmente se hace postrado. Nehemías 9:6; Salmo 96:9; Sal. 66:4; Salmo 95:6; Lucas 4:7-8; 1 Corintios. 14:25; Apocalipsis 19:4; Apocalipsis. 22:8.

5. **Buscándole en intercesión y guerra espiritual.** Es una función que también realizan el Señor Jesucristo (He. 7:25) y el Espíritu Santo (Ro. 8:26, 34). Es una forma de oración en la que nos ponemos en la brecha entre Dios y los seres humanos para pedir que la voluntad de Dios se haga en

una determinada situación. Intercediendo por nuestra familia, por nuestra comunidad, por nuestro país, por el mundo, etc. Abraham intercediendo por Sodoma; Moisés por su pueblo; Daniel por Israel. Es guerra en los aires.

6. **Buscándole en Acción de Gracias.** Es nuestra expresión de agradecimiento al Señor por algo recibido de Él, por una oración contestada. Filipenses 4:6-7; 1 Tesalonicenses 5:18.

Conclusión. Para todas las circunstancias y situaciones de nuestra vida tenemos una forma bíblica de acercarnos a Dios. Su trono de gracia, misericordia y amor siempre está abierto para nosotros. ¡Gracias, Señor!

Cuatro preguntas sobre la oración
Lucas 18:1

Introducción. Quizá la tarea más importante y más descuidada de los cristianos es la oración. Dios nos ha dado a través de este recurso el arma más poderosa para alcanzar no solo nuestros objetivos personales, sino también para transformar nuestras familias, la sociedad, la iglesia y el mundo. Veamos algunas preguntas claves sobre este aspecto fundamental de nuestra vida.

1. **¿Cuánto tiempo debo pasar en oración?** Continuamente. Lucas 18:1-8; Romanos 12:12; Efesios 6:18; 1 Tesalonicenses 5:17.

2. **¿Por qué debo mantenerme en oración?**
   1) La oración perseverante incrementa mi fe (Lc. 1:1-13; 18:1; Stg. 1:3-4).
   2) La oración perseverante clarifica mis peticiones y necesidades.
      Romanos 8:26; 2 Corintios 12:7-10. Mantenerte en oración te ayuda a decidir si quieres algo o no.
   3) La oración perseverante redirige mi perspectiva. 2 Corintios 12:7-10; Efesios 3:20.

3. **¿Cuándo debo dejar de orar?** En realidad, nunca, porque siempre hay motivos y situaciones nuevas por las que debemos orar. La oración debe buscar resultados concretos. Por ello, cuando oramos por algo específico debemos esperar dos cosas: 1) Dios contesta nuestra oración y cambia la situación por la que oramos. Entonces debemos dejar de orar por ello y concentrarnos en otros temas; 2) Dios contesta la oración y me cambia a mí. Generalmente ese es uno de los resultados más profundos

y valiosos de la oración: la transformación de nuestra propia vida.
4. **¿Qué debo hacer mientras estoy orando?**
1) Esperar pacientemente (Sal. 40; 42);
2) Esperar con expectativa la respuesta de Dios (Sal. 37:5-7).

Conclusión. Ciertamente no hay tarea más importante para los cristianos que pasar mucho tiempo en oración dedicada, paciente y fervorosa delante de Dios, buscando su dirección, llenándose de poder espiritual e intercediendo por las necesidades de otros. Hagamos de nuestras vidas un verdadero sacrificio vivo, santo y agradable a Dios. Llenemos nuestra vida de la fragancia de la oración.

El recurso más importante
2 Crónicas 7:14-16

Introducción. Cada cristiano es llamado a tener una visión clara y definida en la vida. Y la manera como Dios ha ideado que logremos esta visión es a través de una comunicación constante con Él. Cuando el rey Salomón iba a consagrar el hermoso templo que construyó para Dios, el Señor le recordó que aquella sería llamada una "Casa de Oración" para todos los pueblos. La oración, y no el templo mismo, sería el recurso más importante para vivir de acuerdo a los propósitos de Dios.

1. **La oración le da el control a Dios.** "Si se humillare mi pueblo." La humillación aquí implica una rendición completa a Dios. Nunca nuestra vida está más controlada que cuando Dios está en el control. Nuestra ceguera espiritual, nuestra altivez y orgullo, la pretensión de que podemos salir adelante sin necesidad de vivir humildes ante Dios, son obstáculos para alcanzar las metas de la vida.

2. **La oración transforma nuestra calidad de vida.** "Y se convirtieren de sus malos caminos." La oración demanda tiempo, esfuerzo y disciplina. La mayoría de los cristianos tienen una vida de oración bastante superficial, casi nula. Por eso, no vemos más milagros y prodigios en nuestra experiencia diaria. Cuando vamos en oración penitente y devota delante de Dios, Él nos transforma en fuentes de bendición para los que nos rodean.

3. **La oración perfecciona nuestra relación con Dios.** "Entonces yo oiré desde los cielos, y perdonaré sus pecados y sanaré su tierra." El corazón no perdonado y la insensibilidad espiritual, nos mantienen cautivos a una vida de

espera sin logros. Dios desea sanarnos espiritual, moral, mental, económica, familiar y socialmente. La oración conforme al corazón de Dios es la clave.

4. **La oración enfoca nuestra visión.** "Ahora estarán abiertos mis ojos y atentos mis oídos a la oración en este lugar." Uno de los resultados más importantes de la oración es que agudiza nuestra manera de vernos a nosotros mismos, de ver a los demás y de entender el mundo. Cuando salimos de la recámara de oración, vemos el mundo a través de los ojos de Dios. Nuestras metas se afinan con las metas de Dios. Nuestra mente y nuestro corazón encuentran la paz y una dulce frescura espiritual renueva nuestros intereses personales y nuestra vida.

Conclusión. Dios nos ha otorgado la oración como el recurso más importante para una vida de poder espiritual y de propósito. La oración nos quebranta y nos permite entender mejor la Palabra de Dios. Esta semana, dediquémonos a buscar su presencia en oración. ¡Los que nos rodean verán la diferencia!

La oración y la evangelización

Introducción. La oración y la evangelización están íntimamente ligadas. En realidad, son inseparables en la forma como Dios concibe nuestra participación en la gran tarea de la proclamación del evangelio a todo el mundo.

1. **Evangelizar es participar en una guerra espiritual.**

    1) *La oración son los misiles espirituales.* Como toda guerra, requiere de un plan definido de combate. La oración intercesora son los misiles espirituales que enviamos para preparar el terreno antes de que llegue la infantería (los cristianos que comparten su fe en los territorios que queremos conquistar). La Guerra del Golfo Pérsico, a comienzos de la década de 1990, es un ejemplo de cómo una guerra fue ganada enteramente desde el aire. Cuando las fuerzas aliadas invadieron el territorio, los enemigos se rindieron sin ofrecer ninguna resistencia. "Las armas de nuestra milicia no son carnales..." 2 Corintios 10:4.

    2) *Un mundo de oposición en los aires trata de impedir los planes de Dios.* Los seres humanos sin Cristo viven en un mundo de opresión y tinieblas espirituales que solo puede ser roto a través de la oración intercesora. Daniel 10:1-14.

    3) *La intercesión que prevalece hasta obtener la victoria.* Interceder por la evangelización del mundo es una acción y una responsabilidad de largo plazo, que demanda consumir fuerzas, invertir tiempo y formar una férrea disciplina espiritual. El ejemplo de Moisés

como intercesor en la guerra de Israel contra los amalecitas es un poderoso ejemplo de la oración que prevalece. Éxodo 17:8-13.

2. **Herramientas que nos ayudan en la guerra espiritual.** La Palabra de Dios nos exhorta a participar en la intercesión en el espíritu pero también con el entendimiento. En la medida en que conocemos más las realidades sociales, espirituales, políticas, económicas y culturales de aquellos que queremos alcanzar con el evangelio, la tarea será mucho más fácil y eficiente. Hoy día disponemos de excelentes materiales y ayudas para una intercesión estratégica. Veamos algunos de los mejores:

1) *Operación mundo.* Es una especie de almanaque mundial cristiano de todas las naciones, con datos actualizados y peticiones específicas de oración.

2) *Guía mundial de oración.* Es una revista de oración mensual, enfocada en interceder por los grupos etno-lingüísticos del mundo donde todavía no ha llegado el evangelio.

3) *Tú puedes cambiar el mundo.* Es un libro compañero de Operación mundo, escrito para que los niños se hagan intercesores por los pueblos no alcanzados del mundo. Actualmente hay disponibles dos tomos.

4) *Busquemos también Perfiles demográficos de grupos humanos que queramos alcanzar.* Estos estudios nos permiten conocer las realidades del sector inmediato que queremos ganar para Cristo.

Conclusión. Todos los cristianos debemos estar envueltos en una guerra espiritual de intercesión que mueva la poderosa mano de Dios para conquistar todo territorio para el reino de los cielos.

Entrega total
Mateo 16:24-25

Introducción. Fuimos creados para ser de Dios y vivir enteramente para Él. El enemigo de nuestra vida y nuestra propia naturaleza trabajan para separarnos de esta entrega total. En el mandato que Dios le dio a Moisés para sacar al pueblo de Israel de Egipto vemos una lección muy importante de la entrega que Dios está esperando de nosotros sus hijos el día de hoy.

1. **Primer nivel de entrega: Vayan todos, pero vuelvan.** Éxodo 8:25-28. El diablo y nuestra naturaleza humana nos dicen: "conságrate un poco a Dios, pero no seas demasiado radical."

2. **Segundo nivel de entrega: Vayan todos, menos los niños.** Éxodo 10:8-11. La tendencia de nuestra generación es que dejemos a nuestros hijos escoger lo que mejor les parezca en términos de su fe. Las películas, la televisión y la educación pública nos dicen eso. Pero Dios nos dice que debemos consagrarle a Él nuestros hijos y criarlos en su temor y su conocimiento.

3. **Tercer nivel de entrega: Vayan todos, menos sus posesiones materiales.** Éxodo 10:24-29. Algunos cristianos piensan que seguir a Dios es solamente un asunto espiritual. Pero el llamado que Dios nos hace incluye todo lo que somos y tenemos: nuestro tiempo, nuestras posesiones, nuestras metas, nuestros deseos; todo debe pertenecerle a Dios.

4. **Cuarto nivel de entrega: Vayan completamente y sírvanle a Dios.** Éxodo 12:31-36. Fue gracias a que Moisés fue un radical con las demandas de Dios ante el Faraón, que el pueblo de

Dios salió de Egipto en medio de una tremenda victoria, saqueando a los egipcios y despojándolos de sus riquezas.

Conclusión. Dios desea bendecirnos poderosamente en todos los aspectos de nuestra vida: espiritual, física, financiera, intelectual, emocional, familiar, social, etc. Pero solo lo hará cuando nos hayamos entregado completamente a Él. Entonces nos abrirá las ventanas de los cielos y derramará su bendición para que podamos bendecir a las naciones del mundo.

Hora de decisión
1 Reyes 18:20-24

Introducción. Como consecuencia del pecado, la rebeldía, el conformismo y la ignorancia de las bendiciones de Dios, muchas veces el pueblo de Dios tiene una mente dividida entre servirle o no servirle a Dios. Hoy, Él nos convoca para que respondamos a su llamado.

1. **Una convocatoria** (v. 1). En los tiempos del ministerio del profeta Elías, el pueblo de Israel vivía una situación parecida a la de algunos cristianos hoy día. Dios ocupaba un segundo lugar en sus vidas. Los afanes, los problemas de la vida e incluso el seguir detrás de los dioses falsos eran parte del problema. Y como en los días de Elías, el gran amor de Dios por su pueblo y por los perdidos, nos llama para tomar una decisión.

2. **Claudicando entre dos pensamientos** (v. 2). Uno de los grandes problemas que impiden que los hijos de Dios puedan alcanzar su pleno propósito en la vida es tener una mente dividida: Un día quieren servir y agradar a Dios. Pero al día siguiente, sus pensamientos están alejados de la voluntad de Dios. Él nos exhorta con unas palabras duras: "¿Hasta cuándo claudicaréis vosotros entre dos pensamientos?"

3. **Una confrontación con los poderes engañosos** (vv. 22-38). Elías, como profeta de Dios, desafía a los profetas del falso dios Baal, detrás del cual estaba yendo el pueblo de Israel y demuestra al rey, a aquellos falsos profetas y al pueblo, que solo hay un Dios real a quien debemos seguir y servir con todo el corazón.

4. **El pueblo se consagra a Dios** (v. 39). La rotunda victoria de Elías sobre los falsos profetas le mostró al pueblo —¡una vez más!— que solo Dios es digno de ser adorado y servido. Ellos se postraron en la presencia del Señor reconociendo su pecado de conformismo.

Conclusión. Dios nos llama hoy a rendirnos a Él con todo nuestro ser. ¿Si no es hoy, cuándo? ¿Si no somos nosotros, quiénes entonces le llevarán la Palabra de Dios al mundo?

La iglesia en el nuevo milenio (Primera parte)
2 Timoteo 4:6-7

Introducción. Cuando Pablo supo que estaba a punto de morir como mártir, escribió su segunda carta a Timoteo. Este fue el último escrito de Pablo y constituye su testamento final. Cuando se lee atentamente uno puede ver cuáles eran las preocupaciones del apóstol y su visión por la iglesia del futuro. Aquí Pablo tenía en mente cómo sería la iglesia de los tiempos postreros. Por eso, esta carta nos habla de forma clara sobre lo que Dios espera de cada uno de nosotros en el comienzo de este nuevo milenio.

1 **Una iglesia avivada** (1:6). Dios nos llama a mantener el fuego de nuestra fe, de nuestra oración. Es solo con ese fuego del Espíritu ardiendo en nosotros que podemos hacer frente a las presiones y las corrientes dominantes en este mundo. Pero sobre todo, ese fuego es el poder que Dios nos da para ser testigos del amor de Dios a un mundo sediento de salvación.

2. **Una iglesia fiel a Dios** (1:13-14). Las falsas doctrinas y el engaño de cientos de religiones son característica de nuestro tiempo. Dios nos llama a perseverar en la sana doctrina apostólica y a guardar el invaluable tesoro de la Palabra de Dios, tal como lo hemos recibido de los apóstoles. Esta Palabra de Dios debe ser escudriñada, conocida y practicada por cada uno de nosotros.

3. **Una iglesia esforzada** (2:1-5). Aunque la salvación que hemos recibido de Dios es gratuita —Cristo pagó por ella en la cruz— . Dios nos llama a no tomarla a la ligera. Debemos esforzarnos en ella, estar dispuestos a dar nuestra

vida por causa de esa salvación. Esta gracia salvadora de Dios es el mayor bien que podamos recibir en esta vida. Por tanto, esforcémonos en vivir de acuerdo a ella.

4. **Una iglesia aprobada por Dios** (2:15). Una de las mayores amenazas para la fe y la vida cristiana es la apariencia de piedad, la falsa religiosidad. Dios anhela una iglesia que pueda ser sal y luz del mundo, que sea un verdadero testimonio de Dios entre las naciones. Este es el llamado que tenemos mientras nos adentramos en el nuevo siglo.

Conclusión. La iglesia de Jesucristo tiene futuro, porque la iglesia y el futuro son de Dios. Avivemos nuestra fe, seamos fieles a su Palabra, esforcémonos en vivir como siervos y siervas de Dios, busquemos siempre la aprobación de Dios en lo que hacemos y vivimos. Cristo ya ganó para nosotros la victoria sobre el pasado, el presente y el futuro. Vayamos y compartamos esta verdad a todo el mundo.

La iglesia en el nuevo milenio (Segunda parte)
2 Timoteo 4:6-7

Introducción. Cuando Pablo supo que estaba a punto de morir como mártir, escribió su segunda carta a Timoteo. Este fue el último escrito de Pablo y constituye su testamento final. Cuando se lee atentamente uno puede ver cuáles eran las preocupaciones del apóstol y su visión por la iglesia del futuro. Aquí Pablo tenía en mente cómo sería la iglesia de los tiempos postreros. Por eso, esta carta nos habla de forma clara sobre lo que Dios espera de cada uno de nosotros en este nuevo milenio.

1. **Una iglesia de integridad moral** (2:22). A través de los siglos, la iglesia ha sido una luz sobre la conducta y las acciones que Dios espera de los seres humanos. Sin embargo, con frecuencia también los llamados cristianos han estado lejos de reflejar la moral liberadora y la integridad de la cual nos habla la Escritura.

2. **Una iglesia distinta al mundo** (3:10-17). El capítulo 3 de la carta nos describe cuando menos tres características de los tiempos que vivimos: 1) Un amor mal enfocado; 2) Una religión vacía; 3) Una tolerancia abierta. En medio de esta cultura somos llamados a actuar de manera opuesta a la corriente del mundo: 1) Con amor ágape, amor de Dios; 2) A expresar una fe llena de valor y significado; 3) A mostrar los verdaderos valores de Dios para esta vida.

3. **Una iglesia evangelizadora y misionera** (4:1-5). Quizá la función más importante de la iglesia en el mundo es ser proclamadora del mensaje de salvación en Jesucristo.

Pablo nos exhorta aquí a estar dedicados a esta tarea a tiempo y fuera de tiempo.

4. **Una iglesia preparada para ir con el Señor** (4:6-8). Finalmente, Pablo apunta aquí al destino final de nuestra vida y de la vida de la iglesia: ir al encuentro eterno con nuestro Señor y Salvador. Él espera que cada cristiano pueda decir como él: He peleado la buena batalla, he acabado la carrera, he guardado la fe.

Conclusión. En esta primera década del nuevo milenio, la iglesia de Jesucristo es llamada a vivir en integridad, a ser distinta al mundo, a predicar las buenas nuevas y a estar lista para ir con el Señor. ¡Qué maravilloso privilegio tenemos de ser parte del pueblo santo de Dios! Vivamos este llamado con pasión y entrega sin reservas.

El milenio y la mentalidad de langosta
Números 13:17-33

Introducción. El nuevo milenio que estamos viviendo nos trae grandes retos a cada uno de nosotros como individuos, como familias, como iglesia y como sociedad. Ante el mundo cambiante e impredecible que tenemos por delante, nosotros, el pueblo de Dios, debemos mirar con fe y valentía el futuro y envolvernos en forma decidida a seguir conquistando este mundo para el reino de Dios. Hoy día, lo peor que podríamos hacer es mirar el porvenir con inseguridad y sentimiento de derrota. El pesimismo y la desconfianza en la promesa de Dios de bendecirnos mientras vamos a la conquista del mundo fue el gran pecado del pueblo de Israel cuando Dios quiso introducirlos a la Tierra Prometida.

1. **La promesa anticipada** (13:1-2). Dios había prometido darles su bendición: la Tierra Prometida. Por tanto, ni los espías ni el pueblo de Israel debían haber dudado que Dios iba a darles la tierra de Canaán. Sus promesas son firmes y seguras. El día de hoy, Él quiere que realicemos sin vacilar la obra de la evangelización del mundo, porque Él ha prometido estar con nosotros todos los días hasta el fin (Mt. 28:20). Él quiere que emprendamos grandes cosas para su gloria, porque "En Dios haremos proezas y él hollará a nuestros enemigos" (Sal 108:13). Él quiere que prosperemos como individuos, familias e iglesia (Jer. 29:11).

2. **Las bendiciones pasadas** (v. 23). Cada uno de los que hemos caminado por un cierto tiempo con el Señor, sabemos de primera mano las enormes bendiciones que hemos recibido y seguimos recibiendo de Él. El gran

racimo de uvas que los espías encontraron en Canaán era una muestra de la tierra de abundancia y prosperidad a la que Dios quería llevarlos. Si nuestra vida continúa obediente y fiel a Dios no existe ningún motivo para desconfiar de las promesas de la provisión de Dios para nosotros y nuestros hijos.

3. **La promesa del futuro** (v. 30). Sí, era verdad, la conquista de la tierra de Canaán no se veía como una empresa fácil. Era un gran reto de fe en Dios. Si Dios había prometido estar con ellos y darles esa tierra, Él lo haría por encima de los escasos recursos con que contaba Israel. Pero solo dos de los doce espías, Caleb y Josué, después de haber visto la tierra, tuvieron fe para creer que Dios cumpliría su promesa. Solo los que se mantienen fieles y perseverantes podrán ver la recompensa delante de ellos.

4. **Las consecuencias de la incredulidad** (vv. 31-33). Pero diez de los doce espías desarrollaron una mentalidad de langosta: se sintieron poca cosa frente al reto de conquistar la tierra y no confiaron en las promesas de Dios. Por el contrario, desanimaron al pueblo de Israel, diciendo que no podrían conquistar la tierra. Veían el futuro como algo terrible. La consecuencia de su informe negativo fue que el pueblo se desanimó y se rebeló contra Dios. Querían volver a Egipto. Dios entonces castigó su incredulidad, condenándolos a vagar cuarenta años en el desierto. ¿Vagaremos también nosotros por el desierto en este nuevo milenio, o creemos en las promesas de Dios y gozaremos de su victoria y sus recompensas?

Conclusión. El nuevo milenio es el tiempo de más grandes oportunidades para los cristianos. No dejes que tu fe se debilite o sea intimidada. El futuro está en manos de los que han puesto sus vidas completamente en las manos del Señor Jesucristo. En estos primeros años del milenio, reflexiona y haz planes sobre las hermosas empresas en las que te vas a envolver para la gloria de Dios y la bendición de tu familia y el mundo. Espléndidos racimos de uvas (símbolo de las bendiciones de Dios) nos esperan por delante mientras seguimos fieles caminando en la perfecta voluntad de Dios para nuestra vida.

La generación bendita
Salmo 22:22-31

Introducción. Vivimos en una generación y un tiempo que exalta lo negativo, la condenación, la muerte, la violencia. Pero en medio de esta generación que se auto- condena, está el pueblo de Dios, un pueblo que ha recibido las bendiciones del Señor y es llamado a compartirlas con otros.

1. **Somos la simiente de Abraham.** Génesis 12:3; Hechos 3:25. Nuestro padre Abraham recibió el llamado de Dios para iniciar una generación de familias bendecidas por el Señor. A través de los tiempos, todos los que han aceptado el mensaje de Dios, se convierten en personas y familias de bendición, no solamente para ellos mismos sino también para hacer que otras familias también vengan a ser de bendición.

2. **Somos los hijos e hijas de Dios.** Juan 1:12. Este llamado a recibir las bendiciones de Dios, no estaba limitado solo al pueblo de Israel, sino que es también para los gentiles, para todos aquellos que reciban la obra de Jesucristo. La única manera de convertirnos en hijos e hijas de Dios es por medio de creer que Jesucristo pagó en la cruz el precio para reconciliarnos con Dios y otorgarnos por la gracia este honroso título.

3. **Somos los coherederos de todo lo creado.** Romanos 8:16-17; Efesios 3:3-6. Una de las declaraciones de la Biblia que más nos humillan es saber que los cristianos somos herederos de Dios y coherederos con Cristo de todo lo que existe en el universo.

4. **Somos la generación que expresa las bendiciones de Dios.**

¿Cómo se manifiestan estas bendiciones? Primero, en que somos salvos por medio de Cristo y toda nuestra familia es llamada a gozar de la misma salvación. Segundo, en que tenemos la protección, la dirección y el Espíritu de Dios. Tercero, en que hemos de vivir eternamente y para siempre en la presencia de Dios por la obra que Cristo hizo por nosotros en su cruz y resurrección.

Conclusión. Gózate en el día de hoy. ¡Eres parte de la generación bendita! Bendice a tus padres, a tus hijos, a todos tus familiares. Háblales de Cristo para que ellos también disfruten de las bendiciones de Dios en este día. Vive la realidad de ser parte de la familia de Dios y heredero de todas las bendiciones que Dios tiene para nosotros.

Dios y el pueblo hispano
Jeremías 29:4-14

Introducción. La comunidad hispana ha llegado a ser uno de los grupos más grandes de los Estados Unidos. Sin embargo, muchos hispanos siguen viéndose como extranjeros y siempre con nostalgia de sus países. Dios nos llama a ser fieles en nuestros afectos por la familia y el país que dejamos atrás de nosotros, pero a la vez nos llama a entender que Él nos trajo aquí con un propósito bueno. Para los cristianos hispanos en particular Dios tiene un mensaje importante sobre nuestro llamado en esta nación.

1. **Dios desea bendecirnos materialmente** (v. 5). Una de las razones fundamentales por la cual la mayoría de las personas de otras partes del mundo (incluyendo América Latina) vienen a los Estados Unidos es para buscar un mejor presente y futuro material. Dios ha bendecido a este país con riquezas y prosperidad y los pueblos del mundo quieren ser parte de ello. En este llamado de Jeremías, somos invitados por Dios a participar de este progreso para nuestro propio bien y el bien de otros pueblos.

2. **Dios desea que echemos raíces aquí** (v. 6). El llamado a prosperar en este país, no implica tener nuestro corazón siempre en otra parte. A la mayoría del pueblo, Dios le pide que eche raíces ahí donde se encuentra. De seguro, algunos son llamados a volver a sus países o a otros lugares, quizás como misioneros o por otras razones, pero Dios quiere que la población cristiana en general se establezca y con su bienestar material y espiritual pueda bendecir a otras partes del mundo.

3. **Dios desea que trabajemos por el bien de la ciudad y el país** (v. 7). Sin embargo, no pongas tu confianza y tu fe en lo que el gobierno de este país puede hacer por ti y tu familia. Pon tu vida y tu fe solo en las manos del Señor y piensa, por el contrario, cómo puedes bendecir a tu ciudad y a este país, porque en la bendición de la ciudad y del país está tu propia bendición y la de tu familia.

4. **Dios desea que bendigamos a las naciones de donde provenimos y al resto del mundo** (vv. 10-14). El propósito más importante por el cual Dios nos trajo hasta aquí no es solo por nosotros mismos, sino para que desde aquí bendigamos a nuestros países y a otras naciones del mundo por medio de llevarles nosotros mismos el evangelio o de contribuir económica, material y espiritualmente a que las buenas nuevas sean proclamadas en cada pueblo, lengua, linaje y nación sobre la tierra.

Conclusión. Dios desea que los que tenemos la oportunidad de vivir en este país nos convirtamos en una fuente de bendición tanto para esta nación como para el resto del mundo. Usemos nuestros recursos y nuestras bendiciones para seguir propagando el evangelio de Jesucristo entre las naciones. Plántate, edifica para tu familia y para la iglesia, y por medio de tus bendiciones bendice a tu pueblo y los demás pueblos del mundo.

La misión de la iglesia

Introducción. Hoy más que nunca la iglesia, el cuerpo de Cristo, necesita ser consciente del llamado que ha recibido de parte de Dios para cumplir en este mundo. Los siguientes deben ser algunos de los aspectos fundamentales que dan razón a nuestra existencia como pueblo de Dios sobre la tierra:

1. **Somos una comunidad de adoradores.** Hechos 2:42-47. Como pueblo y comunidad de Dios somos llamados a crecer cada día en alabanza, adoración y conocimiento y práctica de la Palabra de Dios, los cuales son el instrumento para vivir una vida de profunda y rica espiritualidad bíblica y cristiana. Nuestro compromiso como iglesia es el de ayudar al desarrollo espiritual de cada uno de sus miembros a través de una labor de discipulado integral, que incluye mantener una vida de servicio amoroso y gozoso los unos hacia los otros, y un plan de enseñanza que ayude a cada miembro a mantenerse en continuo crecimiento de su fe y comunión con Dios.

2. **Somos una comunidad evangelística y misionera.** Mateo 28:18-20; 24:14. La razón principal por la cual existe la iglesia sobre la tierra es para ser proclamadora del mensaje de salvación en Jesucristo, tanto a nivel local (nuestra ciudad), como a nivel nacional y mundial. Nuestra iglesia debe vivir continuamente comprometida a usar todos sus esfuerzos, recursos y energías, bajo la dirección del Espíritu Santo, para contribuir con el alcance de esta meta, en comunión y compañerismo con otras iglesias y organizaciones cristianas.

3. **Somos una comunidad de servicio.** Marcos 6:35-44; Mateo 25:34-46; Gálatas 2:10. Una responsabilidad grave y urgente de nuestra iglesia es ayudar a los pobres y necesitados. Uno de nuestros llamados como iglesia es ayudar a aliviar el dolor y el sufrimiento de los miembros más desprotegidos de la sociedad. Este compromiso no es una opción, sino parte central de la existencia de la iglesia, como podemos verlo en la vida de servicio del Señor Jesucristo y de la iglesia en el Nuevo Testamento.

Conclusión. Este es el año de la buena voluntad de Dios, el año agradable del Señor para nosotros como iglesia y para el mundo. Delante de nosotros tenemos maravillosas oportunidades para glorificar el nombre del Señor. Vivamos como una verdadera comunidad de adoradores, como una comunidad evangelística y misionera y como una comunidad que vive entregada al servicio de los más necesitados. Estos son los elevados propósitos y metas a los que nuestro Dios, en su amor y misericordia, nos ha llamado a servirle.

Construyendo en unidad
Juan 17:20-23

Introducción. Uno de los misterios más extraordinarios del Nuevo Testamento tiene que ver con la perfecta unidad que demuestran tener el Padre, el Hijo y el Espíritu Santo. En esta hermosa y decisiva oración de Jesús, encontramos que el anhelo del corazón de nuestro Señor es que también nosotros, los cristianos, lleguemos a alcanzar esta misma clase de unidad que tiene el Padre celestial con su Hijo Jesucristo. Los siguientes son cuatro elementos importantes que el Señor menciona en su oración referentes a la unidad de los creyentes:

1. **Esta unidad es producida por Cristo.** "Para que todos sean uno... en nosotros." (v. 21). Una de las grandes tragedias que causó el pecado fue la división entre los seres humanos. El odio, el resentimiento, el orgullo nacionalista, los sentimientos de superioridad, el racismo, son expresiones amargas de la profunda alienación en que viven los seres humanos unos con otros y con Dios. Sin embargo, en esta oración el Señor está pidiendo no por la unidad de la gente que no le conoce, sino entre sus discípulos, entre su iglesia. El Señor sabía que pese a ellos le habían recibido como el Mesías, estaban muy lejos de ser perfectos en su relación unos con otros (ver Mr. 9:33-35). Pero esta unidad no es el fruto de nuestras buenas intenciones. La unidad de que Jesús habla es un don espiritual y solo se produce cuando vivimos en Cristo. Nuestra responsabilidad es entender que el anhelo de Dios es esta unidad en el cuerpo de Cristo y permitir que Él la haga realidad en nosotros. La oración quedó consignada en la Biblia como una manera de llamar nuestra atención

a la responsabilidad que tenemos de obedecer a este deseo del Señor.

2. **Esta unidad tiene un propósito específico.** Como en todas las cosas que Dios hace, Él tiene un propósito en mente. La unidad en el cuerpo de Cristo no es solamente un sueño romántico o un buen deseo. En realidad, de acuerdo a esta oración, de ella depende el avance o el estancamiento del evangelio. Jesús lo expresó de dos maneras en esta oración: 1) Si somos perfectos en unidad, el mundo va a creer en Cristo (v. 21). 2) Si somos perfectos en unidad, el mundo va a conocer que Cristo es el enviado de Dios, el Salvador del mundo (v. 23). De nuestra unidad, de nuestro amor y apoyo los unos a los otros depende nada menos que la evangelización del mundo.

3. **Esta unidad tiene una recompensa.** El anhelo de Dios por la unidad del cuerpo de Cristo tiene una meta final elevada: Conocer y revelar la gloria de Cristo (v. 24). La invitación del Señor es a descubrir esta gloria suya por medio de vivir en unidad los unos con los otros. En la medida en que vivimos juntos en armonía podemos descubrir más profundamente la gloria del Señor Jesucristo en nuestra vida y la disfrutaremos también eternamente.

Conclusión. La unidad entre nosotros, los hijos e hijas de Dios, es uno de los propósitos más importantes de Dios para con su iglesia. Somos su familia y Él desea vernos unidos en amor. Cristo es quien produce esa unidad. Esta unidad tiene como objetivo que el mundo crea en Cristo al ver la realidad de su evangelio en nosotros. Y finalmente, esta unidad nos permitirá conocer la gloria de Cristo. Ciertamente como dice el Salmo 133: "Mirad cuán bueno y cuán delicioso es habitar los hermanos juntos en armonía!"

La segunda venida

Cinco maneras de esperar la venida de Cristo

Introducción. El regreso de Jesucristo a la tierra siempre es inminente. Por eso, resulta de la más urgente importancia estar listos para ese evento que transformará la historia para siempre. Escuchemos en las palabras mismas del Señor lo que Él nos enseñó en cuanto a su segunda venida.

1. **Preparados.** Mateo 24:32-44. La primera condición que el Señor expresa en cuanto a cómo esperar su venida es estando *preparados*. ¿Cómo sabemos que estamos preparados? En primer lugar, habiendo entregado nuestra vida al Señor. No depende de nuestras propias obras de justicia, sino de lo que el Señor hizo por nosotros en la cruz y vivir en esa gracia y fe cada día de nuestra vida.

2. **Vigilantes.** Mateo 25:1-12. El Señor nos exhorta a llevar una vida de constante *vigilancia* espiritual, examinando nuestra fe y manteniendo nuestras lámparas encendidas.

3. **Pacientes.** Lucas 21:19. Muchos creyentes anhelamos que la venida del Señor sea inmediatamente. Pero Él nos enseña a esperarle en forma *paciente*, cumpliendo, entretanto, la misión que Él nos ha encomendado.

4. **Gozosos.** Juan 16:20-22. Una de las características del creyente que espera el regreso de su Señor es el *gozo* del Espíritu, como la novia que espera el momento de la boda.

5. **Serviciales.** Mateo 24:14. La tarea más importante en la que debe envolverse el creyente es compartir el evangelio por todos los medios posibles. Tal vez la señal más clara de la inminente venida del Señor es que el evangelio sea predicado

a todas las naciones. "... entonces vendrá el fin."

Conclusión. Los cristianos somos llamados a vivir una vida de consagración y servicio con su reino, sabiendo que su venida es siempre inminente.

Cuando el Hijo del Hombre vuelva
Lucas 18:8b; Mateo 25:1-13

Introducción. El Señor Jesucristo nos llama a una vida de completa dedicación a Él. Pero, si Él volviera hoy, ¿qué clase de iglesia encontraría? Como Él mismo lo predijo en la parábola de las diez vírgenes, hallará dos clases de iglesias.

El tipo A negativo

1. En algunas congregaciones hallará conformismo, carnalidad, apatía, murmuración, pecados ocultos, desorden en la administración de la iglesia.
2. En algunas congregaciones hallará falta de oración, ignorancia de la Biblia, estancamiento espiritual. Falta de visión por los perdidos. Falta de crecimiento numérico.

El tipo B positivo

1. En otras iglesias hallará avivamiento, alabanza renovada, amor de los hermanos unos por otros, fieles mayordomos de los bienes de Dios.
2. En otras congregaciones hallará oración profunda, conocimiento de las Escrituras, avivamiento y madurez espiritual. Gran pasión por las almas perdidas. Cada miembro de la iglesia compartiendo el evangelio con otros y trayéndolos a la congregación. Crecimiento numérico.

Conclusión. ¿Cuál clase de congregación seremos nosotros cuando Cristo venga? La respuesta depende hoy de cada uno de nosotros.

Evangelización y misiones

Los cuatro verbos activos de la evangelización
Mateo 9:35-39

Introducción. En 1 Corintios 11:1; Efesios 5:1 y otros pasajes, el apóstol Pablo nos exhorta a ser imitadores de Cristo en todos los aspectos de nuestra vida. Cristo es nuestro ejemplo en la vida de oración, de santidad, de ayuno, etc. Él es también nuestro ejemplo en cuanto a la misión que debemos cumplir en la tierra. Mateo 9:35-39 es el mejor resumen que podemos encontrar de la misión que se nos ha encomendado a cada cristiano.

1. **Jesús recorría** (v. 35). Cuando inició su ministerio, Jesús fue por la orilla del río Jordán buscando a Juan el Bautista para ser bautizado. Luego comenzó a predicar diciendo: "Arrepentíos y creed en el evangelio porque el reino de los cielos se ha acercado." En más del 90 por ciento de las ocasiones que los evangelios nos narran acerca de la vida de Jesús, lo encontramos recorriendo los caminos polvorientos de la Palestina. Iba por las calles de los pueblos y ciudades, por las plazas; lo encontramos a la orilla de un pozo, o resucitando al hijo único de una viuda de Naín, o predicando en el pórtico del templo. Muy pocas veces lo encontramos confinado a las cuatro paredes de una sinagoga. Era un evangelista itinerante, de puertas afuera. Él buscaba a la gente, porque sabía que la gente en general no iba a buscarle. Luego le buscaron porque Él les buscó primero. Es el ejemplo que debemos seguir el día de hoy. La iglesia actual padece de agorafobia, parece temerle a los espacios abiertos, a ir al encuentro de los perdidos.

Nuestro problema principal es que reducimos nuestro compromiso evangelístico y misionero a las cuatro paredes de nuestros templos, cuando la necesidad más grande está ahí afuera, en los hospitales, cárceles, en las oficinas y lugares de trabajo, en las escuelas, colegios, universidades; en nuestros vecindarios, en nuestra ciudades, en nuestras familias. Son ellos los que están esperando que les llevemos el mensaje, no que ellos vengan a nosotros.

2. **Jesús veía** (v. 36a). Debido a que Jesús estaba en continuo contacto con la gente, El podía ver la realidad del pueblo, sus sufrimientos, sus necesidades espirituales y materiales. Un problema de muchos creyentes es que han perdido la capacidad de ver con los ojos espirituales. No solamente ver lo negativo, sino también las oportunidades de servicio para el reino de Dios. ¿Cómo ve el Señor nuestro mundo actual? Él ve las multitudes que vagan por las grandes ciudades del mundo. Él ve a los cientos de grupos humanos que todavía no han tenido la oportunidad de responder al mensaje de salvación porque hay pocos esfuerzos tratando de llegar donde ellos. ¿Cómo ves tu mundo? ¿Lo ves a través de los ojos de los medios de comunicación y de las películas de Hollywood? ¿O lo ves a través de los ojos de Cristo? En el mensaje a la iglesia de Laodicea, el Señor le dice a esta iglesia: "Unge tus ojos con colirio, para que veas" (Ap. 3:18b). Necesitamos que el Señor unja nuestros ojos con su colirio, con su visión espiritual, para que podamos ver como Él ve nuestro mundo, sus necesidades y posibilidades para la extensión de su reino.

3. **Jesús sentía** (v. 36b). Al ver las multitudes, Jesús sintió compasión porque las veía desamparadas y dispersas como ovejas sin pastor. Desamparado y disperso, son dos términos con un significado bíblico teológico muy específico. *Desamparado:* Fuera del amparo de Dios, el que no habita bajo el abrigo del Altísimo, esto es, una persona expuesta a ser arrastrada por Satanás y sus huestes y por sus propias inclinaciones humanas. *Disperso:* Sin ninguna

clase de guía, alejado de Dios, como una oveja que se separa del redil y pronto está en peligro. ¿Tenemos nosotros esa misma clase de compasión por los perdidos?

4. **Jesús enviaba** (v. 38). Finalmente Jesús, después de recorrer, ver y sentir, sabía que la labor no la podía realizar una persona sola, sino que se necesitaban todos los recursos humanos disponibles. Entonces pidió a sus discípulos que rogaran al Padre que enviara obreros a su mies. Lo interesante es que de inmediato los mandó a ellos mismos a ir a los perdidos de Israel. Jesús constituyó a su iglesia para cumplir esta misión de ir a las ovejas perdidas de todo el mundo. Somos los únicos instrumentos de Dios para cumplir esta tarea de alcanzar a los perdidos en nuestra ciudad, en nuestro país y hasta los confines del mundo.

Conclusión. El llamado del Señor es a que seamos imitadores suyos en todos los aspectos de la vida. ¿Cómo estamos respondiendo a nuestro deber de imitarle como testigos suyos en un mundo donde millones perecen sin su conocimiento?

Historia de dos ciudades
Génesis 13:12-13; 19:9; 2 Reyes 7:8-9

Introducción. Dios nos llama a ser testigos de su gracia salvadora en medio de los barrios, vecindarios y comunidades de nuestra ciudad. Esta responsabilidad evangelística se ve reflejada en el modelo de dos ciudades con dos clases de testimonio muy diferente la una de la otra. Uno llevó condenación y muerte a la ciudad, el otro llevó salvación.

1. **El modelo de Lot.** Génesis 13:12-13; 19:9. Lot fue a Sodoma y como creyente, debía haber sido testigo a la ciudad. Pero en cambio de eso, se amoldó a la ciudad. Mantuvo un cierto testimonio de integridad, como puede inferirse del texto bíblico, pero no fue fermento ni testimonio. Después de mucho tiempo, la gente se seguía refiriendo a él como un extranjero.

2. **El modelo de los leprosos en el sitio de Samaria.** 2 Reyes 7:8-9. Eran mendigos compartiendo con otros el pan que habían encontrado. Así somos los que hemos encontrado la salvación. Mendigos compartiendo el pan de vida.

    ¿Cuál de los dos modelos es nuestra experiencia como personas y como iglesia? ¿Estamos llevándole la riqueza del evangelio a los que perecen de hambre espiritual dentro de los muros de nuestra ciudad?

3. **Dios nos llama a ser testigos en nuestra ciudad.** "Me seréis testigos en Jerusalén" (Hch. 1:8a). Una ciudad. La iglesia empieza como una misión urbana en Jerusalén. Misión implica una movilización total de la iglesia, yendo a los diferentes frentes de acción: la dimensión local y hasta lo último de la tierra. Los Ángeles es nuestra Jerusalén y tenemos un compromiso por transformar la ciudad con el mensaje de Cristo.

4.   **Un diagnóstico misiológico de Los Ángeles.**
   1)   El nombre de la ciudad: Los Ángeles. Un llamado a ser portadora de un mensaje. Pero dicha misión se ha corrompido con Hollywood y otros medios (sede de pornografía, Nueva Era, agnosticismo, secularismo, materialismo). Los dioses de la ciudad: entretenimiento, fama, riqueza.
   2)   La iglesia no ha logrado transformar la ciudad. (¿Es la ciudad la que ha moldeado a la iglesia angelina?). Las investigaciones muestran que Los Ángeles es una de las ciudades con una de las tasas más altas de iglesias, ha tenido grandes campañas evangelísticas (aquí inició su ministerio Billy Graham) y es la sede de algunos de los ministerios de comunicaciones cristianas más grandes de la nación y el mundo. Sin embargo, las investigaciones (y la evidencia palpable) demuestran que la iglesia no ha logrado afectar la moral y los principios espirituales de la ciudad.
   3)   Es la ciudad más multicultural y multiétnica del mundo. Se considera que hay más de 150 países representados en la ciudad, sin contar con los grupos étnicos que a su vez representan la diversidad cultural y humana de esos países. Pero hay relativamente pocos esfuerzos de parte de los grupos mayoritarios (anglos, hispanos y negros) para tratar de alcanzar a estas minorías. Muchas de estas personas pertenecen a pueblos no alcanzados, especialmente de trasfondo musulmán, hindú, budista y animista. No existe un lugar en el mundo más ideal como verdadero laboratorio misionero que Los Ángeles. Aquí podemos aprender los principios básicos que utilizaremos en las misiones en otras partes del mundo.

Conclusión. Dios nos llama a ser testigos en nuestra ciudad. Esto es misiones intraurbanas: Misión a la ciudad. Como a los pordioseros de Samaria se nos insta a no callar, porque es día de salvación y si callamos, la maldad de la ciudad nos alcanzará.

Jesús ama la ciudad
Mateo 23:37-39; Lucas 13:34-35

Introducción. A raíz de los incidentes que conmocionaron a Los Ángeles en 1992, una abuelita hispana de esa ciudad le preguntó a su pastor: "Pastor, si nuestra iglesia desapareciera hoy de esta comunidad, ¿quién lloraría de tristeza? ¿A quiénes les haríamos falta?" Esa misma pregunta podemos hacerla hoy en relación con nuestra iglesia. Si nuestra iglesia se fuera de esta comunidad o no existiera más, la ciudad lloraría porque sabía que les amábamos, que llorábamos por ellos, que teníamos planes para llevar bendición a sus habitantes? En repetidas ocasiones llamamos en la Biblia ese llamado continuo por la salvación de la ciudad. Los evangelios de Mateo y Lucas contienen dos conmovedores pasajes del amor de Cristo por la ciudad.

1. **Jesús ama la ciudad.** Quizá una de las expresiones más afectuosas y dramáticas de Jesús es la que dedica a los habitantes de la ciudad de Jerusalén: "Cuántas veces quise juntar a tus hijos, como la gallina debajo de sus alas, y no quisiste!" En estas palabras se muestra el gran amor que Él sentía por la ciudad. Nos recuerda el Salmo 91: "El que habita al abrigo del Altísimo, morará bajo la sombra del Omnipotente."

2. **Jesús lloraba por la ciudad.** En estas palabras de Jesús podemos ver también su quebrantamiento, su dolor por la ciudad alejada de Dios. Pero es en otra oportunidad, cuando hace su entrada triunfal a Jerusalén, donde Jesús llora por amor a la ciudad y porque conoce el destino que le espera a Jerusalén por rechazarlo (Ver Lucas 19:28-44).

3. **Jesús tenía planes para la ciudad.** En las dos ocasiones

que hemos mencionado, Jesús muestra que tenía planes de salvación para la ciudad. En Lucas 13 indica que quiso juntar a la gente con amor para mostrarle su salvación. En Lucas 19:42 expresa con lágrimas su deseo de que la gente reconozca que Él es el Mesías.

4. **Jesús nos llama a amar, llorar y trabajar por la ciudad.** Del mismo modo como Él expresó su afán por Jerusalén y las demás ciudades donde realizó su ministerio, Él nos llama hoy a pensar en lo que podemos hacer por transformar la historia de nuestras ciudades. Somos llamados a orar por la ciudad donde vivimos y llevar el mensaje profético de aceptar a Cristo antes de que sea demasiado tarde.

Conclusión. Volvamos a la pregunta de la abuela: Si nuestra iglesia dejara de existir aquí en este barrio, en esta ciudad, ¿la gente lloraría de tristeza? ¿Pensarían que perdieron algo importante en su comunidad? Amemos la ciudad. Lloremos por el pecado y el mal que la rodea. Llevemos el mensaje de paz y salvación en Jesucristo.

Nuestra misión al mundo
Josué 1 al 6

Introducción. El libro de Josué nos provee una de las mejores guías sobre el cometido que tiene la iglesia para proclamar el evangelio en el mundo. La nuestra no es una tarea de conquista militar, ni de dominación cultural. Pero sí es una guerra espiritual, arrebatando al diablo y sus poderes de tinieblas los territorios que ha mantenido dominados durante siglos. Esta labor de liberación se realiza a través de la proclamación de la Palabra que permite que el reino de Dios se establezca entre los pueblos.

1. **El mandato de conquistar la tierra.** (Jos. 1:2). "Levántate y pasa este Jordán... a la tierra que yo les doy." Aquí el texto se refiere a Canaán. Pero en el Salmo 2 la promesa es: "Pídeme y te daré por herencia las naciones y por posesión tuya los confines de la tierra." El mandato es poseer la tierra a través de la proclamación del evangelio y el discipulado de las naciones (persona a persona).

2. **Promesas durante la conquista.**
    1. Nos ha entregado todo lo que pise nuestro pie (caminatas de oración, reclamando
    2. Nadie nos podrá hacer frente. Dios estará con nosotros, no nos dejará, no nos desamparará. La obra es suya, no nuestra. (v. 5).

3. **Requisitos para la conquista.**
    1. Esfuérzate y sé valiente. (vv. 6-8).
    2. Guarda y haz lo que enseña la Palabra. (v. 8).

4. **Preparación para la conquista.** (v. 11). Dicha preparación incluyó:

1. *Estar en reposo por tres días.* Dedicados exclusivamente a buscar al Señor. (3:1-2).
2. *Santificarse.* Quitar todo obstáculo que impida la obra del Señor. (3:5).
3. *Compromiso de la iglesia en participar en la tarea.* No es la labor solo del pastor y los líderes. (1:16).

5. **Estrategia para la conquista.**
   1. *Investigación, "espionaje."* "Andad, reconoced la tierra." (2:1a).
   2. *Buscar las oportunidades (puertas de acceso).* "Posaron en casa de Rahab." La persona menos probable fue la que ayudó a los espías. (2:1b).
   3. *Información a la iglesia* de los resultados de la investigación. (2:23).
   4. *Declaración de fe.* "Jehová ha entregado la tierra en nuestras manos." (2:24).
   5. Los capítulos 3 al 5 nos hablan de la *evaluación de los recursos* y la manera como van a *desarrollar el plan* de conquista.
   6. **Conquista de Jericó y el resto de la tierra.** (Cp. 6). Una vez que conquistamos nuestra primera Jericó, ganamos experiencia y podemos seguir adelante hacia nuevos cometidos.

Conclusión. La tierra está delante de nosotros. Vayamos a poseerla, no con un espíritu de cruzados, sino con el mensaje de amor de Cristo que nos llama a cada uno de nosotros a tomar parte en la tarea.

Vida cristiana

Diez mandamientos para una vida cristiana feliz (Primera parte)

Introducción. En el capítulo 5 de la primera carta a los tesalonicenses encontramos diez mandamientos que tienen como finalidad enseñarnos lo que Dios espera de cada creyente en Jesucristo. De la práctica o descuido de estos mandatos bíblicos depende en gran medida nuestro éxito o fracaso en la vida cristiana.

1. **El mandato de la obediencia y la sujeción.** (v. 12, 13). La falta de sujeción espiritual crea también falta de autoridad espiritual en el creyente. El Señor Jesucristo se sujetó a su Padre y por ello pudo terminar su misión victoriosamente. (He. 5:8; Mt. 26:39). Si el Señor se sujetó a su Padre para poder vencer, ¡cuánto más tenemos que hacerlo nosotros!

2. **El mandato del amor fraternal.** (v. 14). En la Escritura hay un constante llamado a preocuparnos los unos por los otros, no ha inmiscuirnos en las vidas de los demás, sino a tener amor genuino de hermanos que buscan apoyarse en todas las cosas.

3. **El mandato del perdón.** (v. 15). En el Padrenuestro, el Señor señala que quien no perdona a quienes le han hecho mal, tampoco el Señor podrá perdonarle sus pecados. Un corazón perdonador es una de las características principales del cristiano. Perdonar es un acto de valor.

4. **El mandato del gozo.** (v. 16). Parece un mandato imposible ¿A qué gozo se refería Pablo? No a la alegría pasajera, sino al gozo profundo que es estar en comunión permanente con Dios (Sal. 16:11b).

5. **El mandato de la oración.** (v. 17). Orar no se reduce a

estar de rodillas, o sentados, con los ojos cerrados y pronunciando palabras a Dios. Tiene que ver con un estilo de vida en el cual todos los actos y palabras son una oración (un diálogo) en la presencia de Dios. Cuando dejamos la recámara de la oración, seguimos en comunión con Él, a través de todo lo que hablamos y hacemos.

Conclusión. Dios desea que entendamos los principios que nos ayudarán a llevar una vida feliz. ¡Vivámoslos cada día!

Diez mandamientos para una vida cristiana feliz (Segunda parte)

Introducción. En el capítulo 5 de 1 Tesalonicenses encontramos diez mandamientos que tienen como finalidad enseñarnos lo que Dios espera de cada creyente en Jesucristo. De la práctica o descuido de estos mandatos bíblicos depende en gran medida nuestro éxito o fracaso en la vida cristiana. Hoy veremos la segunda parte de este mensaje.

1. **El mandato de la gratitud.** (v. 18). Este es otro mandato que parece caer en la categoría de lo imposible. ¿Quién puede dar gracias en todo? Note, sin embargo, que la Biblia no dice que debemos dar gracias por todo, sino en todo. Esto es, a pesar de que las circunstancias sean difíciles, debemos en ello dar gracias también. Por otra parte, el mandato no dice que es solo a Dios a quien debemos gracias, sino también ser agradecidos con aquellos que nos rodean y nos sirven.

2. **El mandato de la consagración.** (v. 19). Este es un mandato a estar avivados espiritualmente. El Espíritu Santo, como una Persona de la Trinidad, vive en el creyente y desea ocupar el lugar más importante en nuestra vida. El agua fría y sucia de nuestras malas acciones, apagan el poder del Espíritu Santo que mora en nosotros. "Te aconsejo que avives el fuego del don de Dios que está en ti" (2 Ti. 1:6a).

3. **El mandato de la proclamación.** (v. 20). Pablo hace referencia a dos cosas: 1) La tendencia, ya en la iglesia primitiva, a rechazar el ministerio y el don de la profecía, debido a los abusos que se cometen con este ministerio y don. 2) Pablo se refiere aquí básicamente a la Palabra

escrita de Dios, como la Palabra profética; es esa Palabra, la Biblia, la que no debemos menospreciar. "Ella es la segura y firme ancla del alma" (He. 6:19).

4. **El mandato del discernimiento.** (v. 21). Con tantos mensajes que oímos por la radio, la televisión y los púlpitos, tenemos necesidad apremiante de tener discernimiento espiritual. No es un llamado a examinar las cosas que de antemano sabemos que son malas y dañinas. Es a conservar la sana y pura doctrina. "Retén la forma de las sanas palabras que de mí oíste, en la fe y amor que es Cristo Jesús" (2 Ti. 1:13).

5. **El mandato de la santidad.** (v. 22). La práctica de este mandamiento es el ejercicio de la santidad, esto es, vivir de acuerdo con estos diez mandamientos. "La religión pura, sin mácula delante de Dios es visitar a los huérfanos y a las viudas en sus tribulaciones y guardarse sin mancha de este mundo" (Stg. 1:27).

Conclusión. "Y el mismo Dios de paz, os santifique por completo; y todo vuestro ser, espíritu, alma y cuerpo, sea guardado irreprensible para la venida de nuestro Señor Jesucristo. Fiel es el que os llama, el cual también lo hará" (1 Ts. 5:23-24).

La excelencia en el pueblo de Dios (Primera parte)

"Nosotros somos lo que hacemos repetidas veces.
Excelencia, entonces, no es un acto, sino un hábito"

—Aristóteles

"No hay verdadera excelencia en este mundo,
separada de una vida recta"

—David Starr Jordan

"Pero tenemos este tesoro en vasos de barro, para que la
excelencia del poder sea de Dios, y no de nosotros"

—Apóstol Pablo (2 Co. 4:7).

1. Definiciones de excelencia

Definiciones bíblicas: La Biblia define la excelencia en términos de aquello que es lo mejor sobre todas las demás cosas. La excelencia es lo más elevado, lo más cercano a la perfección, o lo perfecto. Pablo habla de la excelencia: 1) Cuando habla del amor. "Yo os muestro un camino aún más excelente" (1 Co. 12:31). El amor es superior a la fe, a la esperanza y a todas las demás cosas. En ese sentido, entonces, excelencia es lo que está por encima de las demás obras o posibilidades. 2) Cuando habla del poder de Dios. "Para que la excelencia del poder sea de Dios" (2 Co. 4:7) en el sentido de lo que es supremo, por encima de lo cual no puede colocarse nada.

Definiciones comunes: "De superior calidad o bondad. Algo que sobresale en bondad, mérito o estimación" (*Diccionario Vox de la Lengua Española*). "Lo mejor de su clase o especie" (*Diccionario Webster del Siglo 21*). "Sobresaliente, aventajado, superior" (*Diccionario*

Standard Langenscheidt). "De la más alta y fina calidad; excepcionalmente bueno entre su clase o especie; superior" *(Diccionario de Herencia Americana).*

2. Razones por las que debemos buscar la excelencia en todo

1) Porque Dios nos ha dotado de la capacidad creativa para ser excelentes, esto es, para lograr hacer lo máximo y mejor en cada cosa que emprendamos;
2) Porque lo hacemos para Dios, que es un Dios de excelencia (como lo vemos en todas sus obras);
3) Porque es un buen testimonio ante el mundo de que los cristianos, al ser criaturas renacidas, expresamos la gloria y las virtudes de Dios en lo que hacemos;
4) Porque produce una profunda satisfacción personal y colectiva y un sentido de realización hacer las cosas lo mejor que podemos.

3. Ejemplos bíblicos de excelencia en el pueblo de Dios

En el Antiguo Testamento. Se hace difícil encontrar un buen ejemplo de excelencia corporativa entre el pueblo de Dios en el Antiguo Testamento. Generalmente, el liderazgo y las obras de Dios se realizan allí más por la obra de un hombre o una mujer destacados que conducen a Israel a la liberación de sus enemigos o a períodos de paz y prosperidad. Quizá uno de los buenos momentos de excelencia lo encontremos entre los capítulos 1 al 12 del libro de Josué, donde el pueblo funcionó como un colectivo de Dios, bajo la dirección de Dios y el liderazgo de Josué. Los resultados fueron portentosos, en medio de los altibajos, de las victorias y los fracasos.

En el Nuevo Testamento. Quizá uno de los más estimulantes ejemplos de excelencia corporativa la podemos encontramos en la iglesia de Antioquía (Hch. 13). Era una comunidad de creyentes que funcionaba bajo los dones, los frutos y los ministerios del Espíritu Santo y por tanto, podía cumplir a plenitud el llamado de Dios.

La excelencia en el pueblo de Dios (Segunda parte)

1. **Cómo alcanzar la excelencia entre el pueblo de Dios**
   1) Reconociendo que es el Espíritu Santo quien nos capacita para este fin. Cada iglesia local es una expresión de la iglesia universal de Jesucristo. En consecuencia, cada iglesia local debe desarrollar todos los dones y ministerios del Espíritu Santo a fin de poder realizar la obra de Dios (1 Co. 12:1-7).
   2) Permitiendo el desarrollo integral y el funcionamiento de cada miembro del cuerpo de Cristo como una parte esencial para alcanzar las metas de la congregación (1 Co. 12:8-31 y otros pasajes).
   3) Realizando planes a corto, mediato y lejano plazo, contando con los recursos presentes y con una proyección de fe en las grandes cosas que Dios puede hacer por medio de nosotros.
   4) Realizando una adecuada administración de las metas que nos hemos propuesto.
   5) Evaluando el progreso de la obra y haciendo los ajustes necesarios en la persecución de las metas.
   6) Teniendo presente siempre que el fin de todo nuestro esfuerzo es la evangelización, las misiones y el desarrollo espiritual del pueblo de Dios tanto en la colonia, como en la ciudad, el Estado, el país y el mundo.

2. **Principios de S. R. Covey aplicados a la excelencia entre el pueblo de Dios**
   Aunque el enfoque de los principios de Stephen Covey están

orientados básicamente hacia las empresas e instituciones educativas, ellos también pueden ser aplicados a la búsqueda de la excelencia en la vida del pueblo de Dios. Presento aquí sus *Siete hábitos para la gente altamente eficaz*, los cuales he modificado y adaptado para los fines de esta conferencia:

1) Seamos proactivos. No esperemos que las cosas sucedan solas. Hagámoslas suceder.

2) Empecemos con el fin en mente. ¿Qué es lo que queremos alcanzar como iglesia este año, en dos años, en cinco, en diez años?

3) Pongamos primero lo primero. Examinemos cuáles cosas no son eficaces en la vida de la iglesia y demos prioridad a lo que es más importante.

4) Pensemos en la fórmula ganador/ganador. En la obra del Señor, el único que debe perder y quedar derrotado es el diablo. Nuestra competencia no es contra los propios miembros del cuerpo de Cristo.

5) Actuemos sinergéticamente. Esto es, de una manera concertada entre los distintos departamentos y sociedades de nuestras iglesias a fin de alcanzar las metas.

6) Busquemos primero entender… y luego ser entendidos. Tengamos una visión clara que también podamos comunicar a los demás, a fin de que todos podamos participar de la misma.

7) Afilemos la sierra. Mantengámonos a tono en cuatro áreas de nuestra vida: Espiritual (oración, compromiso, estudio y meditación en la Palabra de Dios), Mental (Lecturas, planificación, metas), Física (Ejercicio, nutrición, liberación de fatiga) y Social/Emocional (Servicio, sinergía, relaciones).

3. Recompensa de la excelencia

Procurar hacer las cosas de la mejor manera, con los recursos de que dispongamos —sean pocos o muchos— es algo que produce una gran satisfacción, además de que permite el avance del reino de Dios de una manera más poderosa y digna.

Conclusión. Como indicaba Aristóteles, la excelencia es un hábito y no un evento que ocurre casualmente. Es el resultado de la disciplina, el esfuerzo y la dedicación. Como pueblo de Dios, tenemos que formarnos el hábito de hacer las cosas de la manera más excelente posible para gloria de Dios. Uno de los problemas básicos de nuestra cultura es la tendencia a dejarlo todo para mañana o hacerlo todo a última hora, bajo presión. A esto se le llama procrastinación. Desprocrastinemos nuestras vidas y ministerios y la vida de la iglesia, a fin de que podamos avanzar con más eficiencia y poder en la evangelización, en las misiones y en el progreso del evangelio en nuestra sociedad.

Creciendo en Cristo
Filipenses 1:1-11

Introducción. Con este mensaje iniciamos una serie de predicaciones sobre la epístola a los filipenses. Esta breve carta del apóstol Pablo está llena de una enseñanza que nos ayudará a ser cada vez mejores y más útiles siervos y siervas de Dios.

1. **Creciendo en el espíritu de Cristo.** (v. 6). Los cristianos estamos seguros de que Cristo está obrando en nuestra vida interior, familiar, social y de iglesia para hacernos cada vez más semejantes a Él. A través de la predicación de la Palabra y de los diversos dones de la iglesia, los cristianos estamos siendo edificados para llegar a la estatura de la plenitud de Cristo (Ef. 4:11-16).

2. **Creciendo con amor, ciencia y conocimiento.** Un verdadero cristiano no puede estancarse. No puede quedarse toda su vida con los rudimentos de la fe, sino que debe ir hacia una vida cada vez más profunda y comprometida en todas las áreas. El fruto del amor debe reinar en todas sus acciones. Pero también en ciencia, esto es, en el ejercicio de los dones del Espíritu Santo en su vida (1 Co. 12) y en conocimiento de la Palabra de Dios (Jn. 5:39; 1 Ti. 4:14-17).

3. **Creciendo en justicia y en fruto para el reino de Dios.** Todo aquel que vive en Cristo va a producir no solamente los frutos de una vida justa, sino que también llevará fruto de nuevas vidas ganadas para el reino de Dios. Cada cristiano es llamado a ser un ganador de vidas, compartiendo el evangelio a su familia inmediata, a sus vecinos y a cada persona con la que se relaciona. La evangelización no es

una opción, sino un mandato y un ministerio puesto por Dios en la vida de cada creyente (2 Co. 5:17-20)

Conclusión. El cristiano que permanece unido a Cristo, muestra las señales de un crecimiento espiritual continuo. El Espíritu Santo está moviéndose y trabajando dentro del creyente para ayudarle a producir los frutos que Dios espera de cada uno de nosotros tanto en nuestra vida personal como en nuestro testimonio ganando a otros para el reino de Dios.

(Este es el primero de una serie de cuatro mensajes sobre los primeros dos capítulos de Filipenses).

En las manos de Dios
Filipenses 1:18b-26

Introducción. De los versículos 12 al 18 a, Pablo concluye la descripción de sus circunstancias presentes. Ahora, en el pasaje de hoy se vuelve a mirar hacia el futuro y está seguro de que todas las cosas que le ocurran redundarán para el bien del evangelio.

1. **Nuestra liberación está en manos de la oración y del espíritu.** (vv. 18b-20a). Pablo confiaba que las oraciones de los creyentes de Filipos resultarían en su liberación. También nosotros creemos que la oración hoy día rompe las cadenas de opresión por medio del poder del Espíritu Santo.

2. **Nuestro futuro está en las manos del Señor.** (vv. 20b-23). Los cristianos podemos estar confiados respecto a nuestro futuro. A pesar de estar en la cárcel, Pablo miraba hacia adelante con regocijo. Sea que muriera a manos de los soldados romanos o que fuera liberado, Cristo sería exaltado de todos modos en su vida.

3. **Nuestra vida y nuestra muerte está en las manos del Señor.** (vv. 24-26). Muchas veces, aun los mismos cristianos le tenemos miedo a la muerte. Pero este pasaje se nos enseña que ella es una bendición para el creyente, porque ir a "estar con Cristo es muchísimo mejor" que estar aquí. Dios llama a amar esta vida y a servirle a tiempo y fuera de tiempo. Ese era el dilema de Pablo: que si moría, ya no podía seguir ganando más vidas para Cristo.

Conclusión. La vida del creyente debe exaltar el nombre de Cristo en todas las circunstancias. Tanto nuestro pasado, como nuestro presente y futuro están en las manos del Señor. Hoy confiemos completamente en Él, sabiendo que Él tiene cuidado de nosotros.

La dignidad del evangelio
Filipenses 1:27-2: 4

Introducción. Dios espera de nosotros sus hijos que manifestemos la dignidad del evangelio en tres aspectos de nuestra vida: 1) En nuestra manera de comportarnos y vivir; 2) En la unidad que mostramos como cuerpo de Cristo; y 3) En nuestro combate para que el evangelio sea conocido en el mundo. Veamos cada uno de estos tres aspectos:

1. **Dignidad en nuestro comportamiento.** (v. 27a). Los miembros de la iglesia de Filipos habían sido rescatados de muchos estilos de vida diferente: una muchacha que había sido liberada de los demonios de adivinación; Lidia, una mujer rica; el carcelero romano. Todos ellos debían ahora vivir vidas nuevas y diferentes como cristianos: Vidas de santidad, de gozo, de servicio, de esperanza en la vida eterna. Lo mismo sigue esperando Dios de cada uno de nosotros hoy.

2. **Dignidad en la unidad.** (v. 27b). En medio de la diversidad cultural, social, económica de la iglesia de Filipos, Pablo esperaba que los creyentes pudieran ser humildes para aceptarse unos a otros. Nuestras iglesias también están conformadas por personas de diferentes trasfondos y experiencias. La Palabra de Dios nos demanda a vernos todos como hijos e hijas de Dios, manifestando unidad de Espíritu. La unidad es el tema central que recorre toda la epístola a los filipenses.

3. **Dignidad en nuestro combate por el evangelio.** (v. 27c-2:4). Después de la salvación, el privilegio más alto de un cristiano es poder compartir el evangelio a otras personas.

Este es el llamado principal que recibimos como iglesia. Si no estamos evangelizando, haciendo obra misionera y viviendo para servir a los demás, estamos faltando a la razón principal de nuestra existencia como pueblo de Dios.

Conclusión. El Señor nos llama a los cristianos a vivir de una manera digna del evangelio: en nuestra vida, en nuestra unidad como cuerpo de Cristo y en nuestro combate para que el mundo conozca a Cristo. Vivamos siempre en este nivel de nuestro compromiso con el Señor.

Imitando a Cristo
Filipenses 2:5-11

Introducción. El supremo llamado que tenemos todos los creyentes es a ser imitadores de nuestro Señor Jesús, a ser como Él fue mientras anduvo en la tierra. ¡Qué diferente sería nuestra vida, la vida de la iglesia y nuestro impacto sobre el mundo si viviéramos este desafío de tener en nuestra vida la misma actitud que hubo en Cristo Jesús!

1. **Imitando a Cristo en despojarnos a nosotros mismos. (v. 7).** Cristo era Dios y era eterno antes de tomar forma humana. Antes de su encarnación como hombre, tenía todos los privilegios, todo el poder. Pero, por amor a nosotros, se despojó de su privilegio y poder divinos para tomar la forma de un siervo, de un esclavo. "Yo estoy entre vosotros como el que sirve" (Lc. 22:24-30).

2. **Imitando a Cristo en ser obedientes hasta la muerte. (v. 8).** El mundo en el cual vivimos nos llama a ser autosuficientes, independientes, a buscar nuestro propio bien, a ser egocéntricos. Pero Cristo nos llama a imitar su ejemplo. El camino de la cruz se opone al de este mundo cuya meta es una falsa y pasajera prosperidad.

3. **Imitando a Cristo seremos exaltados juntamente con el. (v. 9).** Como lo indica Lucas 22:28-30, si permanecemos en Cristo, un día compartiremos con Él una vida nueva, radiante, bendecida, por toda la eternidad. Esa es nuestra meta como cristianos y como hijos de Dios.

Conclusión. Debido a que el Señor Jesús se humilló así mismo para ser siervo y morir en la cruz, un día, toda rodilla se doblará y le confesará como el Señor de todo el universo. Y nosotros, los creyentes lavados por su sangre, compartiremos ese reino con Él. Seamos pacientes, ¡porque ese día está cercano!

Amarás al Señor tu Dios...
Marcos 12:29-30

Introducción. El propósito fundamental por el cual los seres humanos (y la creación entera) fuimos creados es para glorificar a Dios y deleitarnos en Él. Esta realidad se expresa a través del mandato supremo de amar a Dios que encontramos repetido en varias ocasiones en la Biblia: Deuteronomio 6:5; 11:1; Mateo 22:37; Marcos 12:30 y Lucas 10:27. En este mandato se nos dice que nuestro amor a Dios debe ser...

1. **Con todo tu corazón (fuego contra fuego).** Una de las maneras como la Biblia utiliza la palabra "corazón" tiene que ver con la pasión con que nos dedicamos a una causa. El ser humano que no tiene una pasión por la cual vivir realmente vive en un nivel subhumano. La gente se apasiona con el fútbol, con los cantantes del momento, con un actor o actriz del cine, o con una ideología política (como ocurrió con el comunismo o el nazismo). El ser humano vive en función de una pasión. Pero esta pasión, este fuego, bien puede ser el fuego del infierno, o el fuego de Dios. El Señor nos llama a adorarle y a seguirle de una manera apasionada, con una entrega total, a ser Él el fuego que consume todos los demás fuegos.

2. **Con toda tu alma (sentimientos y emociones).** La palabra alma, o *psique* (en griego), aparece más de cien veces en el Nuevo Testamento, ilustrando su importancia. El alma es el asiento y centro de la vida interior de los seres humanos, y donde se localizan las emociones y los sentimientos, especialmente el amor (1 Ts. 2:8). El alma es esa parte de la persona que sobrevive después de la muerte del cuerpo, y recibe las recompensas y castigos después de esta vida (Lc. 16:19-31). Esta alma se reunirá

con el cuerpo en la resurrección de los muertos (Jn. 11:25). Así, el alma es vehículo de salvación. Es la más importante posesión que tiene una persona (Mr. 8:36-27). Alma y espíritu se dividen entre los dos la vida interior de la persona, algunas veces teniendo el mismo significado, pero en general, la palabra espíritu es el atributo divino que relaciona a los seres humanos con Dios. Dios nos llama a amarle con el alma, esto es con las emociones y los sentimientos, que son una parte vital de nuestro ser.

3. **Con toda tu mente (una piedad ilustrada).** Una encuesta realizada en 1980 por la Compañía Gallup sobre religión, indicaba que "estamos teniendo un avivamiento de sentimientos y emociones pero no de conocimiento de Dios. La iglesia es hoy día más guiada por los sentimientos que por las convicciones. Valoramos más el entusiasmo que el compromiso informado." Eso sigue siendo realidad el día de hoy. Pero Dios no solo nos dio una mente (un cerebro, un intelecto), sino que además lo santificó y nos pidió que lo amaramos también con esa parte de nuestro ser. Somos llamados a pensar nuestra fe, y a ser capaces de explicar por qué hemos escogido vivir la fe cristiana. Un cristiano responsable tiene el periódico de hoy al lado de la Biblia y tiene una fe que piensa: Está preparado para los desafíos de hoy y del mañana.

4. **Con todas tus fuerzas (sirviéndole con toda nuestra energía).** Esta palabra tiene que ver con la disponibilidad de nuestro tiempo, recursos y energías a la obra de Dios. El Señor desea que le amemos a través de una vida de servicio donde envolvemos nuestra parte física y material.

Conclusión. Nuestro amor a Dios debe cubrir la totalidad de nuestra experiencia humana. Nada de lo que somos y hacemos debe excluirlo. Él es nuestro centro de integración. Solo en Dios encontramos nuestra razón de ser y de existir. Pero toda esta vida de amor y entrega no se vive para el beneficio exclusivo del creyente, sino sobre todo para expresar nuestra vida en servicio y amor a nuestro prójimo. Vive para alabanza y gloria de Dios y deléitate en Él mientras sirves y compartes tu amor con los demás.

Dos clases de cristianos
Lucas 10:38-42

Introducción. El costo de la vida actualmente impone a muchas personas la necesidad de trabajar muchas horas al día y tener más de un trabajo para poder pagar las cuentas y mantener su vida a flote. Esto se ha convertido en una trampa para muchos cristianos que por estar tan ocupados no tienen tiempo para ir a la iglesia ni para buscar al Señor. Otros cristianos, aunque tengan el tiempo para ir a la iglesia o para servir al Señor, prefieren ocuparse en actividades recreativas y ponen al Señor en segundo, o tercer lugar en sus vidas. La historia de dos hermanas, Marta y María, es un modelo de dos clases muy distintas de cristianos. ¿A cuál de los dos perteneces tú?

1. **Jesús se hospeda en la casa de Marta y María.** Lucas 10:38-42. Esta es la primera de tres ocasiones que los evangelios nos mencionan la historia de estas dos hermanas (que también eran las hermanas de Lázaro). En esta ocasión encontramos a Marta, una mujer muy práctica y hacendosa, dedicada a hacer los quehaceres de la casa, mientras María (de quien la Biblia no nos dice que no fuera práctica y hacendosa) está a los pies de Jesús, escuchando sus palabras. Evidentemente para Marta las cosas materiales y "prácticas" eran lo más importante. Pero Jesús le dijo que María había escogido la mejor parte en la vida, que era escuchar las palabras de Jesús y adorarle (estar sentada a sus pies era una forma de adoración).

2. **Jesús resucita a Lázaro, hermano de Marta y María.** Juan 11:20-21; 32-35. En este segundo encuentro de Jesús con Marta y María se evidencia una vez más el contraste de la

manera en que estas dos hermanas se relacionaban con Jesús. Lázaro había muerto y Jesús venía para resucitarlo. Marta le salió al encuentro y le dijo: "Si hubieras estado aquí, mi hermano no hubiera muerto." Al rato llegó María y al ver a Jesús se postró a sus pies para adorarle y luego le dijo las mismas palabras que Marta había dicho a Jesús. Al oírlas, Jesús lloró. La actitud de María, de adoración y entrega, conmovieron el corazón de Jesús. Luego el Señor fue y resucitó a Lázaro.

3. **Jesús es ungido en Betania por María.** Juan 12:1-8. La tercera y última vez que encontramos en los evangelios a Jesús con estos hermanos es días antes de la muerte de Jesús. El Señor estaba en Betania y mientras estaban cenando, vino María con un perfume de nardo puro (una fragancia muy costosa) y ungió al Señor. La gente que estaba en la cena criticó a María por hacer esto. Judas Iscariote dijo que ese dinero se debía haber dado a los pobres (en realidad lo que quería era quedarse él con el dinero). Pero Jesús dijo que la dejaran tranquila, porque lo que estaba haciendo era para prepararlo para la sepultura. A través de este perfume, María le estaba diciendo al Señor que ella se identificaba con él en su muerte. En el pasaje paralelo en Mateo 26:6-13, Jesús dice que lo que María hizo sería recordado dondequiera que se predicara el evangelio. ¿Por qué? Porque eso es lo que Jesús está esperando de nosotros en primer lugar: que derramemos el perfume de nuestra vida (nuestro tiempo, nuestros recursos, nuestra vida entera) sobre Él. Entonces Él nos va a dar todo lo que necesitamos.

Conclusión. ¿Qué clase de cristianos somos? ¿El tipo Marta? o ¿el tipo María? Sí, Dios nos llama a ser prácticos y responsables con nuestros deberes (como Marta), pero a la vez nos llama a poner a Jesús en primer lugar, a vivir una vida de entrega total al Señor. Esta semana, póstrate en la presencia del Señor, pasa tiempo delante de Él, trae nuevas personas a la iglesia, entrégate a Él de todo corazón. Ese es el propósito más importante de la vida.

Ocúpate en la lectura
1 Timoteo 4:13

Introducción. Vivimos en un mundo dominado por la televisión, el cine, la radio y el Internet. Pocas personas dedican un tiempo diario a la lectura. Como cristianos somos llamados a recobrar este hábito, que sigue siendo la forma más eficaz de adquirir conocimiento y sabiduría. Y sobre todo, somos llamados a ocuparnos en la lectura del libro más extraordinario que existe: la Biblia. Veamos algunas de las razones por las que debemos leerla:

1. **Antigüedad de la Biblia.** Los primeros cinco libros de la Biblia (llamados el Pentateuco) tienen unos 3.500 años de existencia y es junto con la *Épica de Gilgamesh* (de los sumerios), el cuerpo de la literatura más antigua conocida. La comunicación de la verdad revelada por Dios se dio a los seres humanos primero a través de la tradición oral y luego se condensó en forma escrita. En 1905 se descubrió un alfabeto semítico en el monte Sinaí que data de los años 1800-1500 a.C., que demuestra que Moisés pudo escribir el Pentateuco en hebreo, una lengua del Medio Oriente hablada desde unos 1500 a.C. La Biblia es un reflejo de la cultura del tiempo cuando se escribió, pero sus enseñanzas y su mensaje es tan actual hoy como lo ha sido a través de todas las generaciones. Y sus declaraciones e historia no han sido contradichas con los avances científicos, por el contrario es la Biblia el libro que nos sirve de verdadera guía para conocer la historia del mundo.

2. **Es un libro que dice las cosas como son.** La Biblia no intenta ocultarnos la realidad y la crudeza de la vida. Nos relata la historia de los hombres y mujeres tal como son.

Todos sus héroes, aun los que amamos más, los que nos sirven de modelo, tienen faltas y debilidades, lo mismo que aspectos de grandeza. En la Biblia, resalta, sobre todo, la persona de Jesús, el único ser humano perfecto en su vida y conducta, el único verdadero justo y santo que ha vivido sobre la tierra.

3. **Es un libro que nos habla del futuro.** Sus profecías se han ido cumpliendo una a una. Todo el Antiguo Testamento estaba ya escrito unos 300 años antes del nacimiento de Cristo, cuando se tradujo del hebreo al griego. Allí se anunciaba la venida de Cristo, que ocurrió tal como la Biblia lo anunciaba. Gran parte de las profecías ya han sido cumplidas y las que restan, en relación con la segunda venida de Cristo, puede observarse claramente que están en proceso de cumplirse.

4. **Es un libro que habla al corazón.** El lenguaje, el estilo y el contenido de la Biblia le dan una gran autoridad. Millones de vidas han rendido sus vidas a Dios a través de su lectura o escuchando una predicación bíblica. En nosotros, los creyentes, tiene un impacto especial. Por eso debemos preguntarnos: ¿Sé discernir las enseñanzas de la Biblia? ¿La leemos para entender el mensaje que tiene para nosotros?

5. **Es un libro que nos hace responsables.** Si bien es un privilegio poseer la Biblia, también es grande nuestra responsabilidad, ya que la Biblia ha de ser juez de vivos y muertos (Jn. 12:47).

Conclusión. En este mundo posmoderno, dominado por los medios de comunicación, los creyentes debemos afirmarnos más en la lectura y obediencia de la Palabra de Dios. Dios tiene un futuro glorioso y bueno para su iglesia y para cada uno de nosotros y está escrito en la Biblia. Por eso, siguiendo el consejo paulino, "Ocúpate en su lectura."

¡Sigue adelante... alcanza tus metas!
Filipenses 3:12-14

Introducción. Hay momentos en la vida cuando uno se siente a punto de desmayar, cuando no tiene deseos de seguir adelante sino de abandonarlo todo. Es ahí cuando Dios nos sale al encuentro para reanimarnos y recordarnos que hay que seguir luchando hasta alcanzar las metas que Dios nos ha dado para cumplir en esta vida. Esta era la actitud del apóstol Pablo, un hombre que sufrió toda clase de penalidades, pero decidió seguir adelante en sus metas. Este pasaje en Filipenses nos habla de la importancia de no desmayar.

1. **La mayoría de nosotros todavía no hemos alcanzado la meta.** (v. 12). Pablo sentía que a pesar de todo lo que había hecho en la obra del Señor y con su vida, todavía había más metas y objetivos que cumplir. Él no estaba satisfecho con sus logros presentes, sino que apuntaba a seguir trabajando para Dios, no podía darse el lujo de desmayar, él quería proseguir hasta alcanzar aquello por lo cual había sido alcanzado por Cristo.

2. Siempre existe el peligro de quedarnos atados a los logros o a los fracasos del pasado, en vez de seguir mirando hacia adelante. (v. 13). Muchos viven estancados por los errores, fracasos y frustraciones del pasado o del presente y sienten que ya no pueden hacer nada valioso con su vida. La Palabra de Dios nos exhorta a olvidar estas frustraciones y emprender de nuevo el camino. Quiero mencionar algunos ejemplos positivos de esto: 1) El rey David pecó y pudo haberse quedado derrotado, revolcándose en su fracaso; pero en cambio de eso, se arrepintió de su pecado y volvió a levantarse para seguir

fiel a Dios el resto de sus días; 2) ¿Recordamos a Thomas Alva Edison, el inventor de la electricidad? ¿Y a Alexander Graham Bell, el inventor del teléfono? Ellos fracasaron una y otra vez, pero siguieron intentando una y otra vez hasta tener éxito en su meta. Millones de personas renuncian a sus sueños, a sus aspiraciones, a sus deseos de hacer algo grande para la gloria de Dios. ¿Por qué? Porque son vencidas por las dificultades, por los tropiezos, por las distracciones que encuentran en el camino. Viven suspirando por alcanzar algo, pero nunca se esfuerzan lo suficiente por llegar a la meta.

3. **Recordemos, que si no desmayamos, adelante nos espera el premio.** (v. 14). Cada ser humano ha sido llamado a cumplir un llamamiento de parte de Dios. Tenemos que encontrar este propósito y proponernos a alcanzarlo contra viento y marea. La meta más importante es vivir para Dios cada día, siendo fieles a su llamado como sus hijos e hijas. Pero junto con este llamamiento eterno, tenemos metas que Dios nos da para cumplir en esta vida, por las que debemos luchar y seguir adelante.

Conclusión. Dios nos llama a no quedarnos en la mitad del camino. Lucha por alcanzar el propósito que sabes que Dios ha puesto en tu corazón. Levántate por encima de los fracasos y frustraciones y sé un vencedor, una vencedora, en el nombre del Señor.

¿Y tú a quién le cantas?
Salmo 22:22

Introducción. Cuando encendemos la radio o la televisión, son muy pocas o ninguna las canciones y la música que escuchamos dedicadas a Dios. En general, las personas se cantan unas a otras acerca de amor, venganza, odio o de problemas sociales. Pero si una estación de radio o un canal de televisión no específicamente cristiano tocara algo de contenido cristiano, la gente lo vería como algo extraño y probablemente cambiarían de estación. Esta realidad es un claro reflejo de cómo la sociedad está alejada de Dios. Pero el pueblo de Dios está llamado a rendirle alabanza y adoración a Dios por muchas razones. Las siguientes son solo algunas de ellas:

1. **Dios es digno de alabanza.**
    1) Porque es el Creador de todas las cosas, incluyendo nuestra propia existencia;
    2) Porque nos dio a su Hijo Jesús para que tuviéramos vida eterna en Él;
    3) Porque es el Señor de todo.
2. **Dios se complace en la alabanza.** Dios habita en medio de la alabanza de su pueblo. El se alegra en medio del pueblo que le canta y le adora.
3. **La alabanza a Dios es más que palabras.** Pero la alabanza es mucho más que cantar las palabras de un himno o de un coro, por más hermosas y expresivas que sean. La alabanza es una actitud que brota del corazón, es un estilo de vida con el cual traemos regocijo al corazón de Dios.
4. **La alabanza es un sacrificio que ofrecemos a Dios.** Hebreos 13:15. Desde la antigüedad, la alabanza ha sido una de las formas de sacrificio que Dios espera de su

pueblo (Sal. 50:14; 116:17). La alabanza es el sacrificio vivo que Dios espera de cada uno de nosotros diariamente.

5. **Yo necesito alabar a Dios.** Como en toda nuestra relación con Dios, el beneficio de lo que hacemos recae sobre nosotros mismos. Mientras alabamos y adoramos a Dios, somos nosotros quienes somos liberados, bendecidos, fortalecidos. Son nuestro corazón y nuestro espíritu quienes se llenan de alegría y de poder.

Conclusión. Como pueblo de Dios somos llamados a alabar y adorar a Dios no solo durante los servicios en la iglesia sino diariamente, en nuestro hogar, en la calle, donde quiera que nos encontremos. Esta alabanza glorifica a Dios y trae liberación a nuestra vida. ¡Alabémosle y adorémosle porque Él es digno de suprema alabanza y adoración!

Tres cosas que necesitamos
Juan 16:33; Proverbios 29:18; Proverbios 23:26

Introducción. En los años sesenta hubo una canción famosa del cantante argentino Palito Ortega que decía: "Tres cosas hay en la vida: salud, dinero y amor; el que tenga estas tres cosas, que le dé gracias a Dios." Y es cierto. Esas tres cosas son importantes. Pero, de acuerdo a la Biblia, hay también otras tres cosas que no pueden faltar en la vida humana. Estas tres cosas son perdurables y son la base para alcanzar los sueños más importantes de la vida.

1. **Necesitamos esperanza para seguir luchando.** Juan 16:33. Quizá una de las características más importantes que definen al pueblo hispano, tanto en América Latina como en el resto del mundo, es su capacidad para soñar, esperar y creer que habrá un futuro mejor. Pero es, sobre todo, cuando venimos a Cristo que esta esperanza se hace real en nuestra vida, la vida de nuestras familias, de la iglesia y nuestra comunidad. Cristo dijo: "En el mundo tendréis aflicción, pero confiad, yo he vencido al mundo." Es solo en Cristo que tenemos la verdadera esperanza, no solo de nuestra salvación eterna, pero también de un presente mejor y un futuro mejores. Ver también Salmo 39:7; 62:5; 91:9; Tito 2:13.

2. **Necesitamos visión para el presente y el futuro.** Proverbios 29:18: "Sin visión el pueblo se desenfrena." Cada uno de nosotros como individuos, como familia, como iglesia y como pueblo necesitamos tener una idea clara de lo que es la voluntad de Dios para nuestra vida, necesitamos una visión de lo que queremos alcanzar y entonces trabajar y poner todo nuestro empeño para obtener esas metas.

Como cristianos, el futuro que nos espera es glorioso, viviendo en la nueva tierra que Dios creará para aquellos que creyeron en la obra de Cristo. Pero también ahora, para esta vida, Dios ha diseñado un propósito perfecto y bueno para cada uno de nosotros. Ver también Salmo 89:19; Habacuc 2:2; Hechos 26:19.

3.   **Necesitamos un compromiso y entrega a la causa de Dios.** Proverbios 23:26: "Dame hijo mío hoy tu corazón." La esperanza y la visión que tenemos en la vida tiene que ser el resultado de una entrega completa a Dios en cada área de nuestra vida. Mientras no exista dicho compromiso, no podremos obtener lo que realmente deseamos. El precio que tenemos que pagar es el ser verdaderos discípulos de Cristo, viviendo para su gloria y buscando primero las cosas de su reino antes que nuestro propio interés. Entonces Dios abrirá las ventanas de los cielos y derramará su bendición abundante. Ver también Efesios 6:6; Hebreos 8:10.

Conclusión. Cada uno de nosotros somos llamados a renovar nuestra esperanza en Cristo, somos llamados a tener una visión para la vida y somos llamados a un compromiso sin reservas a la causa cristiana. Esperanza, visión y compromiso con Dios. Recordemos y persigamos siempre estas tres cosas. Son la clave para una vida llena de propósito y seguridad.

Otras tres cosas que necesitamos
Romanos 12:1-2; 2 Timoteo 1:6-8ᵃ;
Juan 15:7

Introducción. En el mensaje pasado, indiqué que hay tres cosas necesarias que todo cristiano debe tener: esperanza, visión y un compromiso sin reservas con Dios. Hoy quisiera mencionar otras tres cosas que son construidas sobre la base de las tres anteriores. Nuestra vida cristiana es desafiada continuamente por valores que son contrarios a la Palabra de Dios. Por ello, estos tres elementos deben estar presentes siempre en nuestra vida.

1. **Renovación.** Romanos 12:1-2. Los cristianos somos llamados a no estancarnos, no solo en lo espiritual, sino también en nuestra manera de pensar y de entender la importancia de nuestra fe en el mundo actual. El tiempo que nos toca vivir —una cultura que algunos denominan poscristiana— nos presenta el reto de ser cristianos contemporáneos a la vez que fieles a la Palabra de Dios. No solo somos llamados a vivir con la mente puesta en el futuro glorioso que nos espera en el nuevo mundo que Dios va a crear, sino también a ser instrumentos de Dios en nuestra generación. Para que esto sea una realidad debemos tener una fe informada, una fe que comprende la realidad del mundo en que vivimos y busca transformar este mundo a los valores del reino de Dios.

2. **Avivamiento.** 2 Timoteo 1:6-8a. Nuestra vida no solo debe ser cambiada en nuestra manera de pensar, sino también en cuanto al lugar que ocupa el Espíritu Santo en nosotros. Dios es, al fin y al cabo, quien tiene la última palabra. Por tanto, Él desea avivarnos, llenarnos de sus dones, de sus

ministerios, de sus bendiciones. El Espíritu Santo debe
ser un fuego dentro de nosotros que queme todo aquello
que nos impida vivir diariamente en la voluntad de Dios.
El Espíritu Santo debe ser el motor que nos impulse a
compartir el evangelio con las personas que nos rodean y
más allá. En este tiempo, Dios nos llama a depender
completamente en la dirección del Espíritu y a vivir en su
avivamiento.

3. **Permanencia.** Juan 15:7. La renovación de la mente, como
el avivamiento espiritual no son solo aspectos para ser
recordados de vez en cuando. El cristiano es llamado a
vivir en una continua renovación (actualización de su fe)
y en un continuo crecimiento espiritual (dependencia en
el Espíritu). Esta permanencia en la integridad de la vida
en Dios es la que nos capacita para servir a Dios y al
prójimo.

Conclusión. Un cristiano estancado mental y espiritualmente es
una contradicción a los propósitos de Dios. La vida en Cristo es —
debe ser— la vida más emocionante de todas las posibles maneras
de entender la vida. El mensaje que tenemos para esta generación
posmoderna es el mensaje más poderoso y transformador de todos.
Nuestras vidas son el mensaje visible del evangelio. Nuestras actitudes
hablan con fuerza lo que confiesan nuestras bocas. Vivamos la
realidad de Cristo en nuestra constante renovación de nuestra mente
y en una dependencia completa a la Palabra de Dios y a la dirección
de su Espíritu.

Cumpliendo la visión
Josué 3

Introducción. En el libro de Josué encontramos cómo el pueblo de Israel lidió para cumplir con la visión que Dios les había dado de ir a la Tierra Prometida. Los principios que Josué e Israel siguieron nos sirven de ejemplo a nosotros el día de hoy para obtener las metas que Dios nos ha dado como individuos, como familia y como iglesia.

1. **Sea diligente.** (v. 1). "Se levantó de mañana." Si tenemos una visión, debemos ir detrás de ella constantemente. El pueblo de Israel vagó por 40 años porque sus metas eran confusas y se hallaban débiles espiritualmente. Pero el pueblo fue despertado por Dios para alcanzar finalmente el sueño de entrar a una tierra propia con abundancia de bendiciones materiales y espirituales.

2. **Tome los pasos necesarios.** (vv. 1-6). "Vinieron hasta el Jordán y reposaron allí antes de pasarlo." Obviamente si estamos persiguiendo una meta, hay varias etapas que debemos superar antes de llegar al objetivo. Haga un plan específico de cómo va a alcanzar dicha meta. No se limite a soñar. Póngase en marcha. Vaya paso a paso hacia la visión que Dios ha puesto en su corazón. Como el pueblo de Israel tenemos que ponernos en marcha para conquistar la meta.

3. **Esté atento a la dirección de Dios.** (vv. 7-13). "Entonces Jehová dijo a Josué:" No sea guiado solo por sus propios impulsos. Dios tiene una palabra específica para darle. Esté atento a su voz y siga sus instrucciones. De otra manera, sus logros no serán realmente los logros que Dios tenía planeados para usted.

4. **Dele la gloria a Dios.** (vv. 14-17). "Los sacerdotes que llevaban el arca, estuvieron... firmes en medio del Jordán." En todo lo que deseemos, hagamos y alcancemos, debemos estar siempre concientes de darle toda la gloria y la alabanza a Dios. Nuestros triunfos deben ser la expresión de lo que Dios nos ha permitido lograr. Deje que sea Dios el que reciba la alabanza y gócese en todas las cosas buenas que Él ha preparado para usted.

Conclusión. Los cristianos somos llamados a cumplir con una visión personal y como pueblo de Dios. Delante de nosotros está la tierra que Dios nos llama a poseer. Vayamos confiadamente en el nombre de Cristo. Hagamos exactamente lo que Él nos instruye hacer y démosle la gloria por todas sus bendiciones, por su salvación por gracia en Jesucristo y por el gozo de ser sus hijos y sus hijas eternamente y para siempre.

Barreras al crecimiento
Efesios 4:1-16

Introducción. Dios desea que cada uno de sus hijos e hijas crezcamos hasta la estatura de la plenitud de Cristo. La vida en Cristo es un continuo aprendizaje para dejar que el Hijo de Dios sea formado plenamente en nosotros. Las siguientes son algunas barreras que tratan de impedirnos ese crecimiento. Reconozcámoslas para que podamos hacerles frente:

1. **Cuando olvidamos quienes somos.** 1 Pedro 2:9. Con frecuencia andamos cabizbajos, derrotados, como si no fuéramos verdaderos hijos de Dios, reyes (y reinas) y sacerdotes para gloria de Dios Padre. Recuerda quién eres y levanta tu cabeza y vive para manifestar la gloria y la bendición de Dios en tu vida y en la vida de quienes te rodean.

2. **Cuando nos trazamos metas que no son realistas.** Lucas 14:28-31. Es importante trazarnos metas en la vida. Pero recuerda que esas metas hay que perseguirlas cada día, paso a paso. No pretenda alcanzar la luna, si antes no dispone de una nave y de todo lo que necesita para llegar allá. Sí, Dios desea que tengamos grandes sueños, pero debes lograrlos escalón por escalón.

3. **Cuando subestimamos nuestras limitaciones.** 2 Corintios 12:9; Romanos 8:26. A menudo pensamos que si tuviéramos más dinero, más educación, o si fuéramos más fuertes, entonces lograríamos más cosas en la vida y para Dios. Sin embargo, esa no es la manera como Dios ve las cosas. Por el contrario, el poder de Dios se perfecciona en nuestra debilidad. Él nos ayuda a crecer cuando reconocemos nuestras limitaciones.

4. **Cuando los problemas nos quieren hacer renunciar.**
   Hebreos 10:39; Filipenses 3:12-14. Precisamente es por
   medio de los problemas y dificultades de la vida que
   nuestro carácter y personalidad cristiana son formados.
   Dios no nos llama a huir de los problemas sino a
   enfrentarlos valientemente en el nombre de Cristo. Esta
   es la única manera como realmente podemos madurar.

5. **Cuando le tememos al fracaso.** Muchas personas —
   incluyendo a los cristianos— nunca emprenden nada,
   porque tienen temor a no poder alcanzar su meta. Pero si
   aprendemos de nuestros fracasos, estamos realmente
   construyendo el camino hacia la madurez y el crecimiento
   espiritual.

Conclusión. Todos los cristianos estamos llamados a un
crecimiento ilimitado durante el transcurso de nuestra vida. Nuestra
meta es reflejar la gloria de Dios es un mundo entenebrecido por
medio de dejar que Cristo brille cada vez más claro y potente a
través nuestro. Permítele a Él cumplir con el propósito pleno y total
que tiene para ti.

Dos cosas vitales
Mateo 22:29

Introducción. A fin de poder cumplir realmente con nuestro ministerio cristiano debemos tener un conocimiento adecuado y certero de las Escrituras, y reconocer que este conocimiento debe ir acompañado de una manifestación del poder de Dios. El ambiente en que Jesús realizó su ministerio estaba plagado de religiosidad. A las dos sectas principales de Israel —saduceos y fariseos— les encantaba discutir sobre temas religiosos. De la misma manera hoy, el terreno se hace cada vez más intensamente religioso, pero de religiosidad llena de argumentos y filosofías vanas. En ese ambiente, los cristianos tenemos que conocer en realidad las Escrituras y el poder de Dios para realizar eficientemente nuestro ministerio.

    1.   **La ignorancia de los expertos.** Aquellos que se consideraban expertos debían ser los mejores conocedores de las Escrituras, pero eran en realidad ignorantes de las mismas y tenían apenas un entendimiento superficial.

        1) *La ignorancia de los saduceos.* Seguramente debía resultar muy fuerte decirle a alguien que se consideraba un experto en las Escrituras: "Estás equivocado, porque ignoras las Escrituras." Josefo indica que los saduceos "no consideran la observación de ninguna otra cosa fuera de lo que la ley (la Torá) les prescribe." En consecuencia, ellos no veían la enseñanza de la resurrección de los muertos en la Torá y, por tanto, no creían en ella. Pero Jesús les muestra su propia ignorancia. Es precisamente en la misma Torá que Dios se le identifica a Moisés (en la zarza) como el Dios de Abraham, de Isaac y de Jacob (Éx 3:6). Jesús les explica

que si en el tiempo de Moisés, Dios seguía siendo el Dios de Abraham, Isaac y Jacob, esto significaba que ellos estaban vivos en la inmortalidad aunque ya no estuviesen en la tierra. Porque "Dios es Dios de vivos y no de muertos." El problema era que los saduceos, aunque decían creer en la Torá, ignoraban su mensaje.

2) *La ignorancia de los fariseos e intérpretes de la ley.* Otro tanto ocurría con los fariseos y los intérpretes de la ley, quienes habían hecho leyes a partir de la ley de Moisés, distorsionando el sentido real de las Escrituras. Una larga sección del Sermón del Monte (Mt. 5:17-48) está dedicada a aclararles a los fariseos el verdadero significado de la ley sobre algunos temas concretos. ¡Gran parte del debate que Jesús mantuvo con los fariseos era precisamente basado en la ignorancia que los fariseos demostraban de las Escrituras! ¿Pero no eran acaso ellos los expertos y los que estaban supuestos a enseñarla al pueblo?

3) *La ignorancia de las sectas hoy.* El auge de las sectas seudocristianas nos demuestra precisamente ese mismo problema el día de hoy. Cada uno interpreta o hace uso de la Escritura como bien le conviene a sus doctrinas.

4) *La ignorancia dentro del ministerio cristiano.* Nosotros, como siervos y siervas de Dios, somos llamados a profundizar en el estudio de la Palabra y a hacer un uso responsable de las mismas. Es la exhortación que nos hace Pedro: "Estad preparados para presentar defensa de la fe que hay en vosotros." Jesús estaba preparado y respondía con precisión a los argumentos torcidos de sus oponentes.

2. **El poder del espíritu en el ministerio.** El segundo aspecto al que el Señor alude para responder a los fariseos es que ellos ignoraban el poder de Dios. Los saduceos reducían a un simple esquema mental sus ideas acerca de Dios y la ley. Como indica Josefo, "ellos (los saduceos), creen que

es un ejemplo de virtud disputar con aquellos maestros de filosofía que frecuentan." Pero su religiosidad era apenas aparente. Carecían del poder de Dios e ignoraban la eficacia de ese poder de Dios. No podían imaginar cómo ese Dios de las Escrituras podía levantar a los muertos y darles vida eterna. Reducían la existencia humana a esta vida temporal. ¡Jesús les llama ignorantes del poder de Dios, a ellos, que eran los guardianes del templo y la clase sacerdotal, aristocrática y gobernante de Israel! El poder que ellos conocían era solo el poder de su propio dominio humano religioso. Pero no el verdadero poder de Dios, que ahora estaba representado en Jesús. De igual manera hoy la iglesia puede ser un simple sustentador del poder religioso pero no del poder de Dios. Necesitamos que nuestro conocimiento, nuestra enseñanza y nuestra proclamación de la Palabra, vaya acompañada de las señales tangibles del poder de Dios. "Porque mi evangelio no consiste de palabras, sino de la manifestación del poder de Dios." Y como indica Ralph Earle, la "verdadera ortodoxia puede preservarse solo por medio de un estudio constante y cuidadoso de la Palabra de Dios unida a la experiencia del poder y la presencia del Espíritu Santo."

Conclusión. Todo verdadero ministerio cristiano debe ir acompañado de un correcto uso e interpretación de las Escrituras a la vez que de una manifestación plena del poder, las señales y la potencia del Espíritu Santo.

Bodas

Las cuatro bases del matrimonio
Génesis 2:18-24

Introducción. La institución sagrada del matrimonio se encuentra en crisis. La razón para esto es que con frecuencia ni los individuos ni la sociedad toman en cuenta los valores establecidos en la Palabra de Dios y que son la única base para un matrimonio y una familia feliz y duradera. Desde el principio de la creación Dios puso los fundamentos que deben regir la vida de la pareja. Ellos son los siguientes:

1. **Unidad.** "No es bueno que el hombre éste solo." Ni el hombre ni la mujer fuimos creados para vivir en soledad. El esposo y la esposa forman una unidad, compuesta de dos mitades que se complementan. Por eso, Dios no creó dos hombres ni dos mujeres como pareja, sino un hombre y una mujer, que son los verdaderos complementos. El matrimonio constituye la unidad primaria más importante de nuestra sociedad. Esta unidad significa que tanto el esposo como la esposa no se ven como seres solamente individuales, sino que viven en función de su pareja. Los dos deben tener metas, anhelos y proyectos mutuos, que dan sentido a su relación y a su vida diaria.

2. **Igualdad.** "Le haré ayuda idónea." Tanto el hombre como la mujer son ayuda idónea el uno para el otro. Fueron creados para vivir en igualdad de condiciones, sin que ninguno de los dos trate de ejercer dominio sobre el otro. Esta igualdad debe manifestarse en todos los aspectos de la vida y opera sobre la base de mutuos acuerdos y entendimientos.

3. **Amor.** " De la costilla que Jehová Dios tomó del hombre,

91

hizo una mujer, y la trajo al hombre." Dios creó a la mujer de una costilla, que está al frente del corazón, para hacernos entender que la relación entre el esposo y la esposa será una relación de amor, y no de esclavitud y servidumbre. Adán reconoció a Eva como "hueso de mis huesos y carne de mi carne," es decir, como alguien igual a él que merece su respeto, su devoción y su entrega amorosa.

4. **Responsabilidad.** "Por tanto, dejará el hombre a su padre y a su madre, y se unirá a su mujer, y serán una sola carne." La nueva pareja constituye un nuevo hogar, separado del de sus padres. Ganan independencia de sus padres, pero adquieren responsabilidad el uno con el otro y con los hijos que vendrán. Esta responsabilidad mutua tiene que ver con construir un futuro feliz para la pareja y para los hijos que Dios les dé.

Conclusión. Muchos llegan al matrimonio como si se tratara de un experimento, a ver si funciona o no. Pero, según la Biblia, el matrimonio es para toda la vida. Por ello es indispensable poner fundamentos sólidos en los cuales se comprometan los dos miembros de la pareja. Las bases que Dios nos da en su Palabra son la única y verdadera fuente para alcanzar el éxito en el matrimonio.

La familia cristiana

Sometidos en amor
Efesios 5:21-33

Introducción. Mientras los hogares se desmoronan por falta de principios éticos, morales y espirituales, la Palabra de Dios sigue siendo la guía segura que nos muestra el camino de la salvación familiar. En la carta a los efesios, Pablo nos recuerda dos principios básicos de los que están alejados muchos de los hogares el día de hoy:

1. **Sometimiento mutuo: El principio fundamental de la unidad familiar.** (v. 21). En este pasaje, Pablo echa abajo una premisa básica de la familia de sus tiempos: la autoridad absoluta del hombre como cabeza del hogar. Las relaciones entre el esposo y la esposa y de los padres con los hijos deben estar basadas en el principio del sometimiento mutuo al señorío de Cristo. Se acostumbraba que las esposas y los hijos estuvieran sometidos, pero que el marido también estuviera sometido a su esposa e hijos era algo nuevo.

2. **La sumisión (respeto) de la esposa al esposo, no niega la sumisión también del esposo a la esposa.** (vv. 22-24). Algunos escritores antiguos esperaban que las esposas obedecieran a sus maridos, deseando en ellas una conducta sumisa. Algunos contratos matrimoniales contenían el requisito de una obediencia absoluta. Este requerimiento era hecho especialmente por los pensadores griegos, quienes no concebían a sus esposas como iguales. Las diferencias de edad contribuían a esta disparidad: los hombres se casaban alrededor de los 30 años con mujeres adolescentes. En este pasaje, sin embargo, Pablo define la palabra sumisión como respeto (v. 33). La palabra sumisión

aquí es solo un ejemplo de la sumisión general mutua de los cristianos (el verbo del 22 es prestado del 21, y no significa algo diferente).

3. **El esposo: Llamado a amar a su esposa con amor sacrificial e incondicional.** (vv. 25-33). Aunque se asumía que el esposo debía amar a su esposa, los códigos matrimoniales en los días de Pablo no listaban el amor como uno de los deberes del esposo. Tales códigos solo le decían al esposo que su esposa debía estar sometida a él. Aunque Pablo no niega este deber de la esposa de estar sujeta al marido, él lo coloca en el contexto de la mutua sumisión: los esposos deben amar a sus esposas de la misma manera en que Cristo amó a la iglesia: entregando su vida por ella. Ambos, esposo y esposa, deben someterse y amarse el uno al otro.

Conclusión. La crisis fundamental que padece la familia radica en una doble ausencia: de amor y sometimiento mutuos. Vivimos en una cultura fundamentada en la pretensión del hombre de ser el amo y señor del hogar y de la mujer que busca zafarse de esta antigua opresión. Pero solo en la obediencia al mandato de amarnos y someternos unos a otros encontraremos el balance para una relación familiar estable. ¿Habrá alguien dispuesto a seguir este sendero?

Juventud

Una juventud ejemplar
1 Timoteo 4:12

Introducción. Numerosos pasajes de la Biblia tratan sobre el tema de la juventud, pero hemos escogido este pasaje de la primera carta de Pablo a Timoteo, porque resume el mensaje que los jóvenes de nuestros días deben escuchar con urgencia.

1. **El lugar de la juventud en la sociedad.** "Ninguno tenga en poco tu juventud, sino sé ejemplo de los creyentes..." Con frecuencia, tanto la niñez como la temprana juventud (14 a 18 años) tienden a verse en la sociedad como simples etapas de transición, y muchas veces sus opiniones no son tomadas en cuenta. Sin embargo, en este pasaje, Pablo exhorta al joven Timoteo a ser un ejemplo positivo que todos los demás puedan imitar. En la cultura judía, se esperaba que fueran las personas mayores las que sirvieran de ejemplo a los jóvenes. Pero Pablo desafía aquí a Timoteo a invertir el orden, pidiéndole a Timoteo que él sirva de ejemplo a los demás.

2. **Áreas en las cuales un joven puede ser un ejemplo.** La lista que Pablo describe en este versículo no intenta ser exhaustiva, pero sí es lo suficientemente amplia como para abarcar las partes más importantes en la vida de una persona. Veamos:

   1) Palabra: Ejemplo en la manera de hablar
   2) Conducta: Ejemplo en la manera de comportarse
   3) Amor: Ejemplo en la manera de servir y darse en beneficio de los demás
   4) Espíritu: Ejemplo en el entusiasmo que muestra por servir a Dios y en su actitud personal

5) Fe: Ejemplo de confianza y entrega completas a Dios
6) Pureza: Ejemplo de integridad moral

Cada una de estas áreas tienen que ver con el carácter y personalidad cristianos que Dios espera que cada joven desarrolle desde una etapa temprana en su vida. Para poder alcanzar este nivel de vida, necesitamos la gracia y la presencia de Cristo en nuestro corazón, de modo que sea Él en nosotros, quien nos capacite a vivir esta clase elevada de vida.

Conclusión. Sí, los jóvenes son, sin duda, el potencial más extraordinario con que cuenta el mundo, porque en ellos Dios renueva la esperanza de un mundo mejor. En esta breve pero densa exhortación del apóstol Pablo se recuerda a los jóvenes el alto estándar de vida que Dios espera de ellos para que puedan alcanzar el pleno propósito de Dios para sus vidas. ¡Este es el reto que Dios tiene para la vida de cada joven!

El problema del dolor
Isaías 53

Introducción. A diario, las naciones son azotadas por desastres naturales, que son apenas un evento más en la lista interminable de dolor y sufrimiento que padecen diariamente los pueblos y los individuos a todos los niveles: Dolor físico, emocional, social, moral y espiritual. En medio de este drama, ¿cómo podemos entender el dolor? ¿Si Dios es amor por qué existe tanto dolor en sus criaturas? ¿Qué nos enseñan las Escrituras? ¿Cómo podemos entender un problema que nos agobia cada día?

1. **El dolor es una consecuencia del pecado original.**
   1) Génesis 3:16-19. El dolor es uno de los frutos más amargos de la separación entre Dios y los seres humanos. Es un recordatorio constante de que vivimos en un mundo quebrantado e impotente. Y ninguna solución ideada por los seres humanos ha contribuido a aliviar este problema significativamente. En el pasado siglo veinte, el de mayores avances científicos y progreso humano, tuvimos el holocausto nazi, dos guerras mundiales, algunas de las peores hambrunas y algunos de los peores desastres naturales de la historia.
   2) El dolor es también la consecuencia de una vida de impiedad. Salmo 16:4; 32:10. Cuando intencionalmente los seres humanos deciden vivir vidas corruptas y malvadas, su fruto inevitable es el dolor, la angustia, el sufrimiento y finalmente, la muerte eterna.
2. **El dolor como una experiencia de los justos e inocentes.** Podemos entender cuando una persona impía sufre porque decimos que es el pago de sus acciones. ¿Pero

cómo explicar cuando sufre un inocente? ¿Un niño que muere de hambre o padece la injusticia a manos de otros? ¿Una familia pobre cuya casa se la llevó el viento y quedó en total abandono?

1) Los inocentes (especialmente los niños) sufren porque acarrean las consecuencias de vivir en un mundo caído;

2) Los pobres existen y sufren como consecuencia de un sistema de iniquidad que la iglesia debe ayudar a cambiar.

3) El dolor es una experiencia igual a todos los seres humanos, aunque se manifieste en formas diferentes.

3. **El dolor fue uno de los títulos de Jesús: Varón de dolores.** Isaías 53:3. Él conoció mejor que nadie el dolor porque siendo perfecto, justo e inocente fue sometido a la injusticia de los seres humanos. Fue perseguido, se burlaron de Él, lo traicionaron, lo llevaron a la cárcel injustamente, fue golpeado, escupido, herido, afrentado, arrastró sangrando una pesada cruz, le atravesaron clavos en las manos y los pies, le metieron una espada en el pecho y lo dejaron morir desangrado y asfixiado en una cruz. Ningún dolor humano puede compararse al suyo porque fue el único ser sin pecado original, sin culpa, sin engaño que ha existido sobre la tierra.

4. **El dolor ha sido derrotado por Cristo.** Isaías 51:11; Apocalipsis 21:4. Cristo no dijo que quitaría el dolor en la vida de los creyentes, pero nos dice: "Confiad, yo he vencido al mundo" (Jn. 16:33). Aunque sigamos padeciendo y estemos expuestos a muchos de los mismos problemas del resto del mundo (enfermedades, desastres naturales, etc.), los cristianos enfrentamos cada uno de estos problemas con entendimiento espiritual y con fe en que siempre habrá un futuro mejor. En el mundo venidero no habrá llanto ni dolor, porque Cristo ha ganado un mundo mejor para los que creen en Él.

Conclusión. El dolor es una de las consecuencias terribles de la caída del ser humano. Ninguno de los que pasamos por este mundo estamos exentos de este mal. Pero en el nombre de Cristo, el Varón de Dolores, podemos entender y enfrentar el sufrimiento con una actitud de victoria y de esperanza. Y podemos enseñar a los que sufren que hay vida, fortaleza, poder y seguridad en los que ponen su confianza en Cristo.

Esperanza para hoy — y mañana
Jeremías 31:17

Introducción. Las opiniones de la gente están divididas en cuanto a la manera de ver el presente y el futuro: unos son pesimistas, mientras otros solo irradian optimismo. Pero, sea cual sea la actitud que se tenga ante la vida, hay solo una clase de esperanza que es cierta y verdadera: la esperanza que tiene el creyente en Cristo Jesús. Es solo con esa clase de esperanza que podemos mirar la vida cara a cara y saber que nuestro presente y futuro están en las poderosas y amorosas manos de Dios. Veamos qué sucede cuando se tiene verdadera esperanza en el Señor:

1. **Cuando hay esperanza puedes intentarlo una vez más.** Muchas personas se quedan derrotadas en el camino después de un fracaso. Pero el cristiano es llamado a "levantarse y resplandecer" (Is. 60:1) después que todo parece perdido. Cristo no solo perdonó a Pedro después de haberlo negado afrentosamente, sino que se acercó para caminar con él y le comisionó la tarea pastoral de cuidar sus ovejas (la misma comisión que también dio a sus demás apóstoles que no habían fallado al Señor). (Jn. 21:15-19). El Señor nos da fuerzas y visión para continuar en el camino y terminar la carrera victoriosamente.

2. **Cuando hay esperanza puedes pasar por el infierno en la tierra (y sobrevivir).** La esperanza que tenemos en Cristo es la realidad más poderosa que sostiene nuestra vida. No importa las dificultades y problemas que enfrentemos, si nuestra vida está puesta incondicionalmente en las manos de Dios, podremos superarlos. Esto lo aprendió el apóstol Pablo, quien en medio de todas las dificultades que

experimentó por causa del evangelio, pudo decir: "Todo lo puedo en Cristo que me fortalece" (Fil. 4:13).

3. **Cuando hay esperanza puedes descansar.** La verdadera esperanza en Dios es la única que no te defrauda, es la única en que puedes descansar confiadamente. Si has puesto tu vida en las manos de Dios, entonces puedes descansar de tus preocupaciones y vivir para cumplir la voluntad perfecta del Señor. Esto es lo que dijo Jesús: "Venid a mi todos los que estáis cargados y trabajados y yo os haré descansar... Llevad mi yugo sobre vosotros y hallaréis descanso para vuestras almas" (Mt. 11:29). Las angustias y los afanes ya no tienen control del cristiano, porque Cristo tiene el control de nuestra vida.

Conclusión. Sí, ciertamente hay esperanza para el presente y el futuro cuando le hemos confiado nuestra vida a Dios. Con Él en nuestra vida, podemos levantarnos una vez más y seguir esforzándonos en alcanzar las metas que ha puesto en nuestro corazón. Con Él en nuestra vida, no hay problema o dificultad a la que no podamos hacer frente. ¡Con Él en nuestra vida, podemos descansar de nuestros afanes y caminar gozosos en una vida de victoria y de poder espiritual!

La muerte

¿Qué es la muerte?

Génesis 3:17-19

Introducción. De vez en cuando, la partida de un ser querido o de una persona conocida, nos pone de presente a todos nosotros la realidad de lo que llamamos muerte. Esta ocasión se presta para que reflexionemos en el significado que tiene para nosotros los cristianos la muerte.

1. **La muerte es una consecuencia del pecado original.** En el principio, Dios creó a los seres humanos para vivir eternamente sobre esta tierra. Pero, según nos relata Génesis 2 y 3, el pecado de desobediencia y orgullo de los primeros seres humanos produjo la muerte (2:16-17; 3:19). Pero la muerte física en este mundo no es el destino final de los seres humanos. Por el contrario, la muerte tiene como objetivo establecer dónde pasaremos la eternidad. Dios ha creado dos lugares completamente distintos donde iremos después de la muerte: uno es en la presencia, en el cielo nuevo y tierra nueva que Él está creando para los creyentes, el otro lugar es llamado infierno, el cual significa separación eterna de Dios.

2. **La muerte es una tragedia para los que mueren sin Cristo.** Debido a que después de la muerte, los seres humanos ya no tenemos posibilidad de decidir nuestro futuro eterno, aquellos que mueren sin Cristo enfrentan la posibilidad trágica de una vida separada eternamente de Dios, o lo que la Biblia denomina la muerte segunda (Ap. 2:11; 20:6, 14). Toda persona que todavía no tiene a Cristo en su corazón está muerta en sus delitos y pecados (Ef. 2:1).

3. **La muerte es un sueño y una bendición para los que**

mueren en Cristo. Pero Dios no es solamente un Dios justo que no soporta el pecado, sino que también es un Dios de amor. Por ello envió a su Hijo Jesucristo al mundo, "para que todo aquel que en Él crea no se pierda (no muera eternamente) sino tenga la vida eterna (esto, la vida en la presencia de Dios)." (Jn. 3:16). Jesucristo vino a este mundo para destruir el poder del pecado, del diablo y de la muerte. Por ello, el profeta Oseas pudo decir acerca de la obra de Cristo: "Oh muerte, yo seré tu muerte y seré tu destrucción" (13:14). También en Juan 5: 24 Jesús dice: "el que guarda mi Palabra, nunca verá muerte," refiriéndose al hecho de que los que creemos en Él viviremos para siempre en su presencia, aunque pasemos por la experiencia de la muerte física. Según Romanos 5:10 somos "reconciliados con Dios por la muerte de su Hijo." La muerte representa para los cristianos ir al encuentro con Cristo y vivir eternamente con Él en el nuevo cielo y la nueva tierra que Dios está preparando para nosotros. (Ver también 2 Ti. 1:10; Jn. 10:10; Ap. 21:4).

Conclusión. Después de la muerte ya no tenemos oportunidad de decidir dónde pasaremos la eternidad. Es ahora, mientras estamos vivos, que Dios nos invita a recibir a su Hijo Jesucristo y gozar de vida abundante en esta vida y en la eternidad. Tú decides hoy donde vivirás eternamente.

Más que vencedores
Romanos 8:28-39

Introducción. Este pasaje de la epístola a los romanos nos recuerda claramente que todas las cosas que experimentamos como cristianos en esta vida, sean buenas o malas, finalmente redundarán para bien a los que amamos a Dios. Solamente, quiero destacar unos breves puntos de este texto tan lleno de significado:

1. **Creados con un propósito eterno.** (vv. 29-30). Cada cristiano nacido de nuevo se encuentra dentro de estos planes buenos de Dios desde antes de la creación del mundo. Él nos creó, nos predestinó, nos llamó, nos justificó y después de nuestra muerte nos glorificará para que vivamos siempre con Él como miembros de su familia eterna.

2. **Dios nos ama sin medida.** (vv. 31-36). Pese a los problemas que podamos enfrentar en la vida, el amor sin límites de Dios nos provee de todas las cosas necesarias. A través de muchas circunstancias de nuestra vida podemos ver, sin duda, la mano de Dios guardándonos y bendiciéndonos.

3. **Dios nos hace más que vencedores.** (vv 37-39). Si nuestra vida se entrega y se encomienda a Dios, Él se encarga de darnos una victoria más allá de nuestras propias fuerzas. El apóstol Pablo estaba seguro de que en medio de la dureza de la vida diaria, el poder de Cristo estaba soste-niéndole y le sostendría hasta el final. Como cristianos nos aferramos a la seguridad de esta promesa y en este amor de Cristo encontramos la energía y el soporte para seguir adelante. Podemos entonces decir como Pablo: "Estoy seguro que ni la muerte ni la vida me podrán separar de Cristo." Y cuando estemos en la presencia del

Señor, podremos entender mejor el significado y el valor eterno de esta confianza.

Conclusión. Los cristianos podemos gozar de esta victoria espiritual porque hemos puesto nuestra vida en las manos de Dios. Tú también puedes gozar de tener la victoria en Cristo, no solamente para la vida eterna, sino para esta vida presente. Ábrele tu corazón a Cristo y experimenta la seguridad de ser un hijo o una hija de Dios.

La voluntad general de Dios

Introducción. Dios expresa su voluntad (deseo o propósito) para los seres humanos de dos maneras: Hay una voluntad de Dios que podemos llamar general, esto es lo que Él quiere para todos los seres vivientes. Y segundo, hay una voluntad particular de Dios, esto es lo que Él quiere que hagamos cada uno como individuos. Hoy veremos algunos elementos claves de la voluntad general de Dios.

1. **Dios desea que todos los seres humanos sean salvos.** 1 Timoteo 2:4. Este es el deseo básico y fundamental de Dios en su relación con nosotros. Ningún otro deseo es más importante, porque de nuestra reconciliación con Dios depende todo el futuro de nuestras relaciones con Él. Dios ya hizo su parte en este plan al darnos a su Hijo Jesucristo para morir en la cruz a fin de reconciliarnos con Él y con su creación. Ahora es nuestra parte, hacer su voluntad en aceptar a Jesucristo como nuestro Salvador y Señor.

2. **Dios desea que seamos santos.** 1 Tesalonicenses 4:3. Después de nuestra salvación, el Espíritu Santo desea seguir trabajando en nuestra santificación, es decir, es quitar nuestros hábitos y costumbres pecaminosas y llevarnos a ser cada día más parecidos a Él. Esta es una de las tareas en que debemos estar envueltos los cristianos. Nuestra vida hoy debe ser muy diferente —mucho mejor en todos los aspectos— a lo que era el día que recibimos a Cristo. ¿Es esto una realidad en tu vida?

3. **Dios desea que vivamos agradecidos.** 1 Tesalonicenses 5:18. Uno de los frutos del pecado es la tristeza, el dolor, la queja continua. Por esta razón, la voluntad de Dios es

que demos gracias en todo. Hay más razones por las cuales dar gracias que aquellas por las cuales quejarnos: nuestra salvación, la vida, la familia, el trabajo, la iglesia...

4. **Dios desea que hagamos el bien a los demás.** 1 Pedro 2:15. La realidad de nuestra vida nueva en Cristo solo puede manifestarse al mundo a través de nuestras buenas obras. Según el apóstol Pedro, una de las razones por la que los cristianos tenemos que hacer el bien es para hacer callar la ignorancia de los que se oponen al evangelio. Hacer el bien a los demás implica compartirles el evangelio y ayudarles en todo lo que esté a nuestro alcance en las áreas donde tengan necesidad.

Conclusión. Los anteriores son cuatro aspectos de cosas que Dios desea para todos los seres humanos. Si todavía no has recibido a Cristo como tu Salvador, acéptalo hoy. Si ya eres cristiano, busca la santidad en tu vida. Vive agradecido. Vive para servir a los demás en el nombre de Cristo. Como indica 1 Juan 2:17: "el que hace la voluntad de Dios permanece para siempre."

La voluntad de Dios... para mí
Salmo 138:8

Introducción. En el mensaje anterior vimos cuatro aspectos de la *voluntad general de Dios* para todos los seres humanos (Él desea que todos seamos salvos, santos, agradecidos y testigos de su poder al mundo). Hoy veremos qué nos enseña la Escritura en cuanto a la *voluntad particular de Dios* con cada uno de nosotros.

1. **Dios nos diseñó a cada uno con un propósito especial.** El rey David conocía esta verdad cuando dijo: "Mi Dios, pues, cumplirá su propósito en mi." No somos simplemente un número más en las estadísticas de nuestra ciudad. Somos individuos escogidos por Dios para cumplir una misión específica a lo largo de nuestra vida. Descubrir y vivir en ese propósito para el cual fuimos creados es el elemento más importante de la vida, después de la salvación. La persona que no sabe para qué existe, va por la vida sin un derrotero, sin metas, es un ser atolondrado, confundido.

2. **La voluntad de Dios para conmigo es siempre buena.** El mismo rey David sabía esto. Por eso escribe en el Salmo 40:8: "El hacer tu voluntad, Dios mío, me ha agradado, y tu ley está en medio de mi corazón." Algunas personas tienen sentimientos fatalistas, negativos, acerca de sus vidas. Piensan que no tienen ningún valor en sí mismas, se menosprecian. En cambio de eso, Dios, nuestro Creador nos dice que somos personas muy valiosas para Él, que Él nos ama y que tiene "pensamientos de paz, y no de mal, para dares el fin que esperáis" (Jer. 29:11). Jeremías recibió estas palabras de aliento de Dios en el tiempo más negativo

que habían vivido los judíos hasta ese momento: la cautividad babilónica.

3. **Como descubrir el propósito de Dios en mi vida.** Descubrir y vivir en la voluntad particular de Dios ha sido el secreto de los grandes hombres y mujeres de Dios. Pero, ¿cómo puedo saber la perfecta voluntad de Dios para mi? Aquí hay algunas pistas: 1) Nuestra vocación, aquellas cosas a las que estamos inclinados en forma natural, son dones de Dios que expresan el llamado de Dios para mi vida. 2) Dios puede hacerte un llamado radical en un momento de tu vida y ungirnos para esa misión (como lo hizo con David y Pablo). 3) Las circunstancias en que Dios me coloque pueden estar expresando la voluntad de Dios para mi y no debo desaprovecharlas.

4. **Viviendo en la voluntad de Dios.** Una vez que conocemos cuál es la buena voluntad de Dios para nosotros, debemos ser constantes en vivir el resto de nuestras vidas en esa voluntad. Pero recuerda que esa voluntad no es estática, sino algo vivo que nos acompaña día a día. Quien vive en la voluntad de Dios tiene sus días llenos de propósito, de gozo y de seguridad interior.

Conclusión. Cada uno de nosotros fuimos creados con un propósito especial por parte de Dios. La meta de nuestra vida debe ser descubrir ese propósito y trabajar para cumplirlo plenamente. Este es el secreto de una vida feliz y plenamente realizada.

La paradoja de las bienaventuranzas (Primera parte)
Mateo 5:1-12

Introducción. Estas bienaventuranzas, que sirven de introducción a todo el Sermón del Monte, se presentan en forma escalonada, en un orden intencional, a fin de llevarnos a cumplir el propósito completo de Dios en nuestra vida.

1. **Bienaventurados los pobres en espíritu.** (v. 3). Este es el fundamento mismo del mensaje del evangelio. A menos que reconozcamos nuestra necesidad y pobreza espiritual, no podremos ser llenos y saciados con la presencia de Dios. No podemos vivir el evangelio en nuestra fuerza, sino en el poder del Señor.

2. **Bienaventurados los que lloran.** (v. 4). Se refiere a un llanto espiritual y está en marcado contraste con lo que el mundo de los valores circundantes nos enseña. Nuestra sociedad trata de suprimir toda forma de llanto y toda forma de culpabilidad y pecado. Pero hay que llegar a una verdadera convicción de pecado, antes de poder sentir el gozo de la salvación y de la vida cristiana.

3. **Bienaventurados los mansos.** (v. 5). También esta bienaventuranza va en contra de la corriente que reclama poder, gloria, autoridad para los individuos. Pero el Señor dijo: "Aprended de mi que soy manso y humilde de corazón, y hallaréis descanso para vuestras almas." La mansedumbre es compatible con una gran fortaleza y autoridad. La mansedumbre no es debilidad. Veamos algunos grandes ejemplos de mansedumbre: Abraham quien dejó a Lot que escogiera la tierra dónde vivir; Moisés

quien siempre se consideraba insuficiente para la obra. No era humildad fingida, sino genuina. David, sobre todo en su relación con Saúl; Pablo y sobre todo, el mismo Señor Jesucristo.

4. **Bienaventurados los que tienen hambre y sed de justicia.** (v. 6). En general, nuestra sociedad secularizada coloca la felicidad y la alegría como sus objetivos. Pero el cristiano entiende que la única manera de obtener el gozo y la felicidad es a través de vida de justicia. El gozo es una consecuencia de ello. Solo son felices los que buscan ser justos. Esta justicia incluye ser justificados por Dios, pero también ser santificados.

Conclusión. Las bienaventuranzas nos muestran el verdadero camino para el ser humano que es entrega y rendición a Dios. Son el único medio para alcanzar la felicidad.

(Nota: Varias de las ideas básicas para la elaboración de esta serie de mensajes sobre *El Sermón del Monte* provienen de los dos tomos del mismo nombre, escritos por D. Martyn Lloyd-Jones, Edinburgh: Estandarte de la Verdad, 1977).

La paradoja de las bienaventuranzas (Segunda parte)
Mateo 5:7-12

Introducción. Las bienaventuranzas son la manera como medimos el grado de nuestra relación con Dios y de nuestro carácter cristiano. Nadie puede vivir las bienaventuranzas, a menos que tenga primero el nuevo nacimiento en Cristo.

1. **Bienaventurados los misericordiosos.** No significa ser pasivo frente al pecado y el mal. Este adjetivo de misericordioso se le aplica también a Dios y tiene que ver, sobre todo, con la verdad y la manera de ayudar al pecador.

2. **Bienaventurados los de limpio corazón.** La única manera de tener un corazón puro es reconocer que tenemos un corazón impuro. Dios se preocupa de cómo somos por dentro, por la integridad interior. La acusación constante del Señor era en contra de la hipocresía y las máscaras que usamos. Pero Dios nos conoce, sabe cómo está nuestro corazón con Él y el prójimo.

3. **Bienaventurados los pacificadores.** Estos no son pacificadores ni políticos, ni sociales. Ninguna de las respuestas humanistas ha logrado acabar con las guerras, el odio y la violencia. Los pacificadores son aquellos que comparten el evangelio de paz, que es el único que puede erradicar el problema básico del ser humano que es el pecado.

4. **Bienaventurados los que padecen persecución.** El resultado de vivir como pacificadores es la persecución. El mundo no tolera a un verdadero cristiano. No toleraron a Cristo, tampoco lo harán con nosotros. La persecución

contra los cristianos se ha extendido hoy más que nunca
en la historia.

5. **Bienaventurados cuando os vituperen.** Esta es una amliación de la bienaventuranza anterior, pero añade otro
   elemento: El de gozarnos en medio de la persecución. Es
   un privilegio sufrir y ser perseguido por causa de Cristo.
   Nuestro galardón será grande en el cielo.

Conclusión. Las bienaventuranzas nos muestran el verdadero
camino para el ser humano, que es entrega y rendición a Dios. Es el
único medio para alcanzar la felicidad.

Minas de sal y transmisores de luz
Mateo 5:13-16

Introducción. Intercediendo por los cristianos, Jesús dijo al Padre: "No ruego que los quites del mundo, sino que los guardes del mal." Los cristianos seguimos viviendo en el mundo, pero se nos ha encomendado una delicada responsabilidad: Ser la sal y la luz. En las bienaventuranzas se nos enseña cómo debe *ser* el cristiano. En el mensaje de hoy, Jesús nos dice lo que debe *hacer* el cristiano.

1. **Un mundo en descomposición y tinieblas.** La idea de que los cristianos somos la sal de la tierra indica que la tierra siempre está a punto de la descomposición y que somos los cristianos los que la preservamos. La idea de que somos luz, indica que el mundo está en tinieblas espirituales y que somos los cristianos los únicos que lo alumbramos. Pero, ¿estamos siendo esa sal y esa luz que debemos ser?

2. **Funciones de la sal.** La sal cumple cuando menos dos funciones diferentes:

   1) *Preserva* algo que de otra manera se pudriría. ¿Cómo es la sal el cristiano? A través de su conducta santa, de su testimonio fiel, de su fe perseverante.

   2) *Da sabor.* El mundo tiene obsesión por las diversiones escapistas, porque su vida es insípida. Solo la vida cristiana tiene verdadera sazón. El cristiano le da sabor a través de su verdadera alegría, de la proclamación del evangelio, de su paz y confianza en Dios.

3. **El cristiano como luz del mundo.** La única manera en que podemos ser luz, es estando conectados con la única verdadera fuente de luz de este mundo y del universo: El Señor Jesucristo. Él dijo: "Yo soy la luz del mundo."

Nosotros somos los transmisores de esa luz que es Cristo en nosotros. ¿Cuál es la función de la luz en el cristiano?

1) Disipa las tinieblas espirituales de este mundo.

2) Deja ver las cosas como son. La manera de vivir y la exposición de nuestra fe dejan ver al mundo la condición en que se encuentra y su necesidad de Cristo.

Conclusión. Este mensaje de Jesús se dirige a nosotros como cristianos y nos muestra la calidad de vida y el compromiso que tenemos como hijos de luz.

Jesús y el Antiguo Testamento
Mateo 5:17-20

Introducción. El Antiguo y el Nuevo Testamento forman una unidad inseparable. Jesús vino al mundo para dar cumplimiento a todo lo que demandaba la ley y anunciaron los profetas.

1. **Jesús y el cumplimiento de la ley.** (v. 17). Jesús no eliminó la ley del Antiguo Pacto. Por el contrario, su venida a este mundo, su ministerio y su muerte, estuvieron basados en este estricto cumplimiento de la ley bíblica. ¿Cómo la cumplió?

   1) Nació bajo la ley (Gá. 4:4).

   2) No violó ningún punto de la ley, como estaba escrita en la Biblia y desafió a sus detractores a que lo acusaran de algo que no hubiera guardado.

   3) La cruz fue el cumplimiento de la ley, sometiéndose Él a ser la paga del pecado por todos nosotros, conforme estaba establecido por Dios (Ro. 6:23).

   4) Sigue cumpliendo la ley de Dios por medio del Espíritu que nos ha dado a los creyentes (Ro. 8:2-4).

2. **La ley sigue vigente.** (v. 18). La jota es la letra más pequeña del alfabeto hebreo y el punto sobre ella es más pequeño aún. Así debe cumplirse la ley de Dios. Veamos la relación que esta ley tiene con nosotros hoy día. Esta ley estaba dividida en tres partes: ley ceremonial, ley jurídica y ley moral.

   1) La ley ceremonial era un símbolo y prototipo que representaba y anunciaba su cumplimiento en el sacrificio del Cordero de Dios en la cruz del calvario. Fue cumplida en Cristo, y nosotros los cristianos, la

cumplimos en Él. El libro a los hebreos es una explicación de esto.

2) La ley jurídica. Fue dada en forma especial y exclusiva al pueblo de Israel como un reino teocrático. Pero el rechazo de Israel al Mesías, quitó a Israel la condición de un gobierno teocrático (Mt. 21:43) y lo dio a la iglesia (1 P. 2:9-10). Ya no existe la nación teocrática de Israel. Pero la iglesia es, en un sentido espiritual, un reino teocrático y así cumple la ley jurídica de Dios.

3) La ley moral es una condición permanente de nuestra relación con Dios. 1 Juan 3 dice que el pecado en el cristiano es infracción de la ley.

3. **Alabanza de la ley.** (v. 19). Con frecuencia hemos sido llamados a menospreciar la ley del Antiguo Testamento como algo que ya pasó y que es superado por la gracia. Sin embargo, esa ley de Dios es eterna. La perspectiva correcta del cristiano es que solamente podemos vivir esa ley en la gracia que nos ha sido dada en Cristo, el autor y consumador de la fe. Jesús nos llama aquí a enseñar esta ley y a cumplirla en nosotros.

4. **La correcta vivencia de la ley.** (v. 20). El problema central que Jesús nos plantea en este pasaje es que los fariseos habían creado más leyes que las establecidas por Dios y se habían alejado del verdadero espíritu de la ley bíblica. Pero volvamos a repasar las enseñanzas de la ley en el Antiguo Testamento y a los profetas, y veamos cómo ellas se cumplen maravillosamente en Cristo y cómo la ley moral sigue siendo la norma que rige nuestra conducta cristiana.

Conclusión. La nuestra es una herencia hebreo-cristiana. Pero solamente podemos vivir el mandato de la ley moral cuando la vivimos en Cristo y a través del Espíritu Santo. Solamente estando en Cristo podemos vivir por encima de la ley de las obras para vivir en la ley de la gracia de Dios.

Pecados del corazón
Mateo 5:27-32

Introducción. El pecado no es solo una cuestión de obras y acciones. Es algo que proviene desde adentro del corazón. Es infracción de la ley del Espíritu y no solo de la letra. Es ahí, en la condición pecaminosa del ser humano, donde el Espíritu Santo desea transformar nuestra vida y donde nosotros mismos, en forma consciente, debemos trabajar para renunciar a todo lo que nos contamine.

1. **La astucia del pecado.** (vv. 27 y 28). Los seres humanos nos escudamos en las apariencias. Pensamos: "Si mis pecados no son visibles, nadie los notará." Pero Jesús habla aquí del pecado de intención, de los deseos alimentados internamente. No solamente tiene que ver con la inmoralidad sexual, sino también con todos los demás vicios de la naturaleza pecaminosa: la codicia, el chisme, la envidia, el odio, los resentimientos. El pecado es muy sutil y poderoso. Su objetivo final es nuestra destrucción.

2. **Naturaleza y efecto pervertidor del pecado.** (vv. 29 y 30). Todo lo que Dios hizo, y en este caso, nuestro cuerpo, nuestras emociones, sentimientos y deseos, que deben ser potencialmente buenos y útiles para los propósitos de Dios, fueron pervertidos por el pecado. ¿Qué quiere decir Jesús cuando habla de arrancarse el ojo y la mano derecha si nos son motivo de pecado? Para los judíos estos dos miembros del cuerpo eran muy importantes. Jesús habla simbólicamente de sacarlos fuera. Está queriendo decir, sacar fuera de nosotros todo aquello que, aunque lo consideremos muy importante en nuestra vida, pueda ser un estorbo para

alcanzar una vida de santidad. Por ejemplo: Programas de televisión de doble sentido, películas sobre adulterio y fornicación, lecturas inmorales, etc.

Conclusión. El pecado es un problema tan serio ante los ojos de Dios que tuvo que darnos a su propio Hijo Jesucristo para poder hacernos libres del castigo de nuestro pecado. Mortifiquemos el pecado en nuestro cuerpo, pensamientos y deseos y vivamos una vida de libertad y gozo a través del poder del Espíritu Santo.

Jesús y el divorcio
Mateo 5:31-32

Introducción. Actualmente, tres de cada cuatro matrimonios terminan en divorcio en los Estados Unidos. El índice no es mucho menor entre parejas llamadas cristianas. ¿De dónde proviene esta trivialidad para deshacer la unión más solemne y sagrada de la tierra? ¿Cuál es la enseñanza bíblica completa sobre este tema tan delicado? ¿Cómo debemos actuar nosotros mismos al respecto, y orientar a personas que están a las puertas del divorcio?

1. **El mandato original de Dios sobre el matrimonio.** Génesis. 2:24. Él estableció que la pareja dejará a sus padres y vendrán a ser una sola carne. El matrimonio constituye una nueva e indisoluble unidad humana creada por Dios.

2. **Una ley especial mosaica sobre el divorcio.** Deuteronomio 24:1-4. Por causa del pecado y en tiempo de especial crisis y pecado, cuando los estándares morales del pueblo de Israel habían descendido, Dios establece a través de la ley jurídica mosaica el derecho al divorcio. Pero más que una concesión al libertinaje, la ley de Dios lo que hace es limitar la causa del derecho a una sola cuestión: "alguna cosa indecente" (probablemente impureza o defectos físicos o morales). No adulterio, porque este era castigado con la pena de muerte por lapidación. En los días de Moisés se divorciaban por razones superficiales. Además, impuso la obligación de dar carta de divorcio, donde se explicaban las causas del divorcio, además de tenerse el derecho a un juicio. Eso protegía a la mujer, si ella quería volver a casarse. Dicha ley era, sobre todo, una defensa frente al maltrato y el abuso de las mujeres casadas y

ponía su énfasis que el hombre no podía volver a tomar a la misma mujer como esposa.

3. **La enseñanza de Jesús vuelve al sentido original del mandato de Dios.** Mateo 19:3-12. Para Jesús solo hay una causal de divorcio: la infidelidad de parte de alguno de los cónyuges. La razón de esto es que el hombre o la mujer, en el acto del adulterio, se ha hecho una sola carne con otra persona, y por tanto, ha roto el vínculo de la unidad sagrada del matrimonio. Física y espiritualmente quedan separados. El castigo por la infidelidad ya no es pena de muerte sino divorcio. En el Nuevo Testamento no hay ninguna otra causal para el divorcio.

4. **¿Qué se debe hacer en situaciones especiales?** Si el divorcio es admitido por Jesús solo por causa de adulterio, ¿qué debe hacerse cuando hay situaciones extremas como maltrato físico o mental, conducta irresponsable grave, etc., de parte de uno o ambas partes de la pareja? 1 Corintios 7:10-16 habla de la posibilidad de separarse, pero no de divorcio. La mujer o el hombre deben quedarse en la condición de separados hasta una posible reconciliación o muerte de una de las partes. En el caso de creyentes divorciados y vueltos a casar, quedarse así, como vinieron al Señor.

Conclusión. Las demandas del Señor en nuestra vida personal y familiar son altas y santas. ¡Cuán alejado vive el mundo de ellas! Pero a nosotros los cristianos, nos manda a ser responsables y a servir de ejemplo y modelo para un mundo en confusión. Solo entonces podremos ser testigos de la verdad del evangelio a un mundo en busca de valores morales y espirituales.

Jesús y los juramentos
Mateo 5:33-37

Introducción. Como todos los demás puntos que Jesús viene desarrollando en el Sermón del Monte, este es de gran importancia. Tiene que ver con nuestra manera de relacionarnos con los demás. La base de lo que el Señor nos dice en este texto es que debemos vivir en la verdad y decir siempre la verdad unos a otros.

1. **Lo que el Antiguo Testamento enseña sobre los juramentos.** Éxodo 20:7; Levítico 19:12; Deuteronomio 6:13. Estas leyes tenían dos objetivos: 1) Frenar la tendencia a decir mentiras; 2) Limitar los juramentos solo a los asuntos realmente importantes. El juramento se hacía en el nombre de Dios, y revelaba dos cosas: 1) El carácter santo de Dios. Él jura por sí mismo; y 2) Era también una muestra de la triste condición pecaminosa del ser humano, en cuya palabra no se podía confiar.

2. **La falsa interpretación de los fariseos sobre los juramentos.** El mandato al cual se refiere Jesús en Mateo 5:33 no se encuentra en el Antiguo Testamento. Era parte de las tradiciones que los judíos tenían, basadas en la ley de Moisés. Luego tenían todo un manual para aplicarlo. Por ejemplo, si la persona hacía un juramento en el nombre de Dios, no podía ser un perjurio (un juramento falso), ni faltar al mismo. Pero si juraba por el cielo, o por la tierra, o por Jerusalén, o por la cabeza de uno, entonces podía violar dicho juramento. Decían: "Como los cielos y la tierra pasarán, así pasará el juramento que los llama como testigos" (Bengel). De esa manera tenían excusa para la mentira y el engaño, mientras no juraran en el nombre de Dios.

3. **La enseñanza de Jesús sobre los juramentos.** Jesús condenó esta interpretación y práctica hipócrita de los juramentos. Jesús nos recuerda (vv. 34-36) que Dios es Señor de todo: el cielo es el trono de Dios, la tierra el estrado de sus pies, Jerusalén es la ciudad de Dios, nuestra cabeza (y toda nuestra vida) le pertenecen a Dios. En Mateo 23:16-22 añade más detalles sobre esta enseñanza falsa. Cuando haces un juramento, no importa en nombre de quién lo haces, estás jurando por Dios que es dueño de todo. Dios no puede ser burlado por las mentiras y artimañas de los seres humanos.

4. **El cristiano y los juramentos.** ¿Enseña Jesús en este o en otro pasaje que los cristianos no debemos jurar en un tribunal o en otras circunstancias especiales? No. En la ley hay un mandato expreso a jurar en el nombre de Dios en determinadas ocasiones. En el Nuevo Testamento se presentan varios juramentos también (Ro. 9:1; 2 Co. 1:23; 2 Ti. 4:1 y sobre todo He. 6:13-18). En ciertas ocasiones, le confiere un carácter vital y solemne a una confesión o una declaración. Lo que el Señor condena es: 1) Usar en vano el nombre sagrado de Dios para blasfemar o maldecir, que uno escucha por todas partes. 2) El Señor prohíbe jurar en las conversaciones ordinarias. "Sea vuestro hablar sí, sí; no, no." Santiago 5:12 lo vuelve a enfatizar; 3) Prohíbe jurar por alguna criatura o cosa, porque todo le pertenece a Dios. A la luz de la enseñanza bíblica, solo es permitido jurar en el nombre de Dios y en ocasiones solemnes y de completa necesidad.

Conclusión. El problema no son los juramentos, sino la mentira, el engaño y la manipulación. No hay mentiras grandes ni pequeñas. El sistema de este mundo está basado en la mentira. Pero los cristianos estamos llamados a vivir en santidad de vida, hablando la verdad unos a otros, de modo que nuestro sí, sea sí, y nuestro no, sea no.

Muriendo a nosotros mismos
Mateo 5:38-42

Introducción. Las palabras contenidas en los versículos 38-42 son unas de las que más controversia y más falsa interpretación han tenido entre las enseñanzas de Jesús. Estas expresiones de Jesús tienen que ser vistas, no solo en el contexto de todo el Sermón del Monte (principalmente de las Bienaventuranzas), sino de toda la Escritura.

1. **Ojo por ojo, diente por diente.** (v. 38). Jesús se refiere aquí a una ley judicial muy concreta, dada en Éxodo 21:24; Levítico 24:17-22; Deuteronomio 19:16-21. Hay dos consideraciones principales sobre la razón de esta ley: 1) Buscaba limitar el espíritu de venganza que hay en el ser humano como consecuencia del pecado. El castigo tenía que ser de acuerdo a la ofensa, no más de esto. 2) Era una ley que tenía que ser aplicada por los jueces no por las personas agraviadas, como era la tendencia. No podías vengarte por ti mismo. Esta ley debe estar vigente todavía. Su base es la justicia y la equidad, y esa es la manera como debe juzgarse cada crimen y delito.

2. **La interpretación de Jesús.** (vv. 39-42). Hay que entender el Sermón del Monte como una enseñanza de principios y no de normas. Por tanto, Jesús está hablando aquí del espíritu de la ley y no de la letra y con los ejemplos que nos da en estos versículos nos da a entender que la única manera de vivir conforme a los principios del reino de Dios es siendo nuevas criaturas en Cristo. Jesús no dice que la ley del ojo por ojo y diente por diente deba ser abolida, porque ella implica justicia y equidad. Lo que nos dice es que los creyentes en Cristo debemos vivir más

allá de la letra de la ley que busca satisfacer y enmarcar el deseo de venganza y retribución por una ofensa que hemos padecido. ¿Cómo podemos vivir más allá de esta ley que clama por autodefensa y autosatisfacción?

1) *No resistas al que es malo.* ¿Debemos entonces dejar que el mal triunfe en el mundo? ¿No debemos hacer nada si vemos injusticias en el mundo? Por supuesto, la respuesta es que la iglesia y los cristianos debemos actuar decididamente en contra de la injusticia. Pero las palabras de Jesús en este pasaje no tienen nada que ver con la sociedad o el estado. Son palabras dirigidas a la conducta del individuo. Jesús da ejemplos concretos de lo que quiere decir:

2) *Poner la otra mejilla.* No se refiere solo a golpes físicos, sino a toda clase de ofensas que golpeen nuestro ego. ¡Qué duro es esto! Hemos sido educados a defender nuestro "honor." Pero quizá debemos mirar el ejemplo de Jesús en esta área. Jesús no dice aquí que no debamos luchar (aun en el terreno físico) para defender la justicia y la verdad.

3) *Dar la túnica y la capa (la camisa y el saco).* No pelees por cosas insignificantes. La vida vale mucho más que eso.

4) *Recorrer la segunda milla.* Los soldados romanos en los tiempos de Jesús podían obligar a los judíos a llevarles sus cargas hasta por una milla. Está bien. Llévasela por dos y dale un tremendo testimonio. Quizá se convierta a Cristo.

5) *Dar al que te pide, y al que te pide prestado.* Si tienes la posibilidad de ayudar a otro en verdadera necesidad, no lo evites. No debemos dar a los pordioseros profesionales ni a los perezosos, ni a los que piden para vicios (2 Ts. 3:10).

Conclusión. La única manera de hacerlo es siendo nuevas criaturas, viviendo en la ley de la gracia, la cual dice: "Ya no vivo yo, más lo que ahora vivo lo vivo en la fe en Cristo Jesús." La ley del ojo por ojo no ha sido abolida. Pero en nuestra vida personal, los creyentes no estamos pendientes de que se nos cumpla para autosatisfacernos. La persona que no ha nacido de nuevo en Cristo, simplemente no puede cumplir estas normas. Puede intentar hacerlo, como lo hacen los movimientos pacifistas, pero finalmente terminan en amargura e impotencia. Estos mandatos anteponen la necesidad de que la naturaleza de la persona haya sido regenerada por Cristo. La esencia del mensaje aquí es que tenemos que morir al yo.

Un camino más excelente
Mateo 5:43-48

Introducción. Nuevamente aquí en este pasaje tenemos un mandato del Señor que parece imposible de cumplir. No es un llamado a un pacifismo simplista, sino el poderoso mandato del amor, que es activo: que bendice, que ora, que hace algo en favor del enemigo. Esto solo puede ser hecho, si hemos nacido de nuevo; solo así demostramos en realidad que somos hijos de nuestro Padre celestial que hace lo mismo.

1.   **Una concepción excluyente y sectaria del amor.** La ley a la cual se refiere Jesús en el versículo 43 no se encuentra en la Torá. Era un mandato acomodado por los intérpretes de la ley, como resultado de distintos pasajes del Antiguo Testamento. Por ejemplo en Levítico 19:18 se le ordena a los judíos amar a su prójimo como a ellos mismos. Para los judíos, como puede inferirse de muchos pasajes (especialmente de la parábola del samaritano), el prójimo eran los mismos judíos. Los demás (los gentiles) eran sus enemigos. Pero ellos olvidaban que también las leyes de Moisés hablaban de amar, cuidar y proteger a los extranjeros (Éxodo 22:21; 23:9; Levítico 19:10; 23:22; Levítico 19:34; Deuteronomio 10:19; Salmo 146:9, etc.) ¿De dónde concluyen que había que odiar a los enemigos? De distintos pasajes de la Escritura donde Dios ordena destruir a pueblos paganos (particularmente en la posesión de la Tierra Prometida), y de diversos Salmos imprecatorios (ver Sal. 69). Pero, cada vez que en el Antiguo Testamento Dios daba órdenes de destruir a los enemigos, o el salmista escribía sobre la destrucción de los enemigos, tenía un

carácter judicial y no personal. Los intérpretes de la ley había convertido el odio a los enemigos (esto es a los que no fueran de Israel) en una ley de práctica personal.

2. **El amor que excede la compresión humana.** En este último ejemplo del contraste entre la forma en que los fariseos interpretaban la ley y la forma como Él lo hace, Jesús nos enseña cuatro principios:

1) Debes amar a los que consideras tus enemigos.
2) Debes bendecir a los que te maldicen.
3) Debes hacerle el bien a los que te aborrecen
4) Debes orar por los que te ultrajan y persiguen.

¡Qué incómodo y qué contrario a nuestra naturaleza humana caída que clama por venganza, por retribución, y por sus derechos personales! Jesús no hace un llamado a un pacifismo superficial. Él dice que la razón de vivir así es para demostrar que somos verdaderos hijos de nuestro Padre celestial que hace salir el sol sobre malos y buenos, y que hace llover sobre justos e injustos. Es nuestro Padre quien nos muestra que Él nos ama de esa manera. Jesús amó a sus enemigos de esa manera ("Padre, perdónalos porque no saben lo que hacen"). Y sus discípulos aprendieron a vivir de esa misma manera. Esteban, mientras era martirizado, dijo también: "Padre, no les tomes en cuenta este pecado." Este perdón no tiene que ver con ofensas judiciales. El criminal, y el que viola las leyes establecidas, debe sufrir el castigo de la ley. Pero tiene que ver con la forma como nosotros como individuos perdonamos y amamos a nuestros enemigos.

Conclusión. La única manera de poder vivir en este nivel de vida, es habiendo rendido nuestro yo, nuestro ego, al Señor, para ser verdaderamente hijos de nuestro Padre celestial que ha demostrado esta clase de amor al darnos a su propio Hijo.

Jesús y las buenas obras
Mateo 6:1-4

Introducción. Con frecuencia, las personas realizan buenas acciones para recibir alabanza de los demás. Los cristianos somos llamados a realizar buenas obras para recibir recompensa de parte de nuestro Padre celestial y no de los seres humanos. Todo debemos hacerlo en el nombre y para la gloria de Dios.

  1. **Buscando halago y reconocimiento.** (vv. 1 y 2). ¡Qué humana y carnal es la tendencia a que otros piensen qué excepcionales y grandes somos! Aun nuestras llamadas buenas obras están contaminadas por el deseo de buscar el halago y la recompensa de los demás. Pero hay una advertencia seria de parte del Señor en cuanto a esta vanidad: Si los hombres nos recompensan por lo "buenos" que somos, no recibiremos recompensa de Dios. El Señor no dice aquí que despreciemos el reconocimiento que otros puedan darnos, sino que nuestra motivación no sea buscar ese reconocimiento humano, sino el reconocimiento de Dios: Buscar la recompensa de Dios.

  2. **Haciendo todo para la gloria de Dios.** (vv. 3-4). ¿Estás muy consciente de las buenas obras que haces? Jesús nos pide hacernos menos conscientes del bien que hacemos, esto es, que nos desprendamos del yo en todo nuestro servicio a Dios. "No sepa tu izquierda lo que hace tu derecha."

Conclusión. Dos palabras se repiten en estos versículos: Padre y recompensa. Nuestras buenas obras son hechas para nuestro Padre celestial en favor y por amor a su creación. Como hijos, buscamos la recompensa de nuestro Padre que es la mejor de todas las recompensas. No te conformes con menos.

Jesús y el ayuno
Mateo 6:16-18

Introducción. Este pasaje del Sermón del Monte no es una enseñanza sobre el ayuno, sino una exhortación del Señor en contra del exhibicionismo fariseo cuando estemos ayunando. Sin embargo, el texto nos da a entender que Jesús está a favor de que los creyentes ayunen, lo cual tendrá recompensa delante de Dios. Coloquemos en contexto, tanto lo que Jesús está recriminando aquí, como una breve orientación sobre el ayuno bíblico.

1. *Yom Kipur* **era el único día del año establecido por Dios como día de ayuno congregacional.** En el Antiguo Testamento, como parte de la ley, estaba instituido que el ayuno congregacional para el pueblo de Israel era una vez al año (Lv. 16:29-34; 23:26-32; Nm. 29:7-11): Día del *Yom Kipur*, o Día del Perdón o de la Expiación, celebrado el 10 del mes tishri (entre septiembre-octubre de nuestro calendario. Este año lo celebraron el 11 de octubre). El Día del *Yom Kipur*, Dios les perdonaba los pecados a los israelitas por medio de la dedicación del pueblo y los sacrificios que ofrecía el sacerdote. Esta sigue siendo la principal fiesta religiosa judía. Esta fiesta anuncia la venida del Mesías: Hoy es el día de salvación, *Yom Kipur* (2 Co. 6:2). Los judíos establecieron otros ayunos no ordenados por Dios. Ayunaban recordando fechas trágicas de la historia de Israel, especialmente del tiempo babilónico (Zac. 7:1-7). Pero estos ayunos llegaron a ser más una celebración religiosa que un tiempo de consagración al Señor. Más que ayuno, lo que el Señor pedía de ellos era obediencia y justicia (Is. 58:1-9). La crisis que vivían era el

resultado de su desobediencia a Dios. En realidad, Él quería convertir sus ayunos en gozo y alegría (Zac. 8:19).

2. **Los fariseos tenían por ley ayunar dos veces a la semana** (Lc. 18:12). Imponían esta carga pesada a los demás, y lo que es peor, lo hacían para llamar la atención de la gente sobre su piedad: se cubrían la cabeza de ceniza, no se bañaban y ponían cara de sufrimiento. Esto era lo que estaba condenando el Señor en el Sermón del Monte: el exhibicionismo religioso. Con lo que hacían, ya tenían su recompensa.

3. **El sentido bíblico del ayuno.** 1) El ayuno, ya sea congregacional o individual, siempre tiene el sentido de vaciarnos de los afanes físicos por un rato para buscar lo espiritual, con fines más elevados. Pueden ser ayunos parciales (solo tomando líquidos) o completos (abstenerse de todo alimento, incluidos los líquidos). Puede hacerse por el tiempo que se quiera o se pueda, sin abusar de las condiciones físicas. 2) Ayunar no es un fin en sí mismo, ni se debe hacer para mortificar el cuerpo, ni como penitencia. Así lo practican las religiones de error. 3) Tampoco hay que ayunar para alcanzar resultados inmediatos (mágicos). Eso significaría que nosotros controlamos la bendición de Dios. 4) El ayuno es algo voluntario y personal, que nos ayuda a alcanzar metas en el beneficio espiritual nuestro y de otras personas. Debemos ayunar no porque lo establezca nuestra iglesia un día específico, sino cuando el Espíritu Santo nos guíe a ello por motivos especiales. 5) Hay que ayunar siempre con un objetivo y un propósito importante en mente.

4. **Ejemplos de ayunos bíblicos.** Aparte del Día de *Yom Kipur*, encontramos numerosos ejemplos que nos muestran el verdadero valor del ayuno.

  1) *En el Antiguo Testamento.* Ayuno congregacional: Josafat ordena a todo Judá ayunar antes de ir a la guerra contra los moabitas y los amonitas. Dios les dio la victoria sin pelear (2 Cr. 20:3). Ayuno individual: Daniel

intercediendo por la liberación de Israel de la cautividad babilónica. (Dn. 10).

2) *En el Nuevo Testamento.* Ayuno individual: Jesús antes de comenzar su ministerio (Mt. 4:1-2). Los discípulos de Juan ayunaban muchas veces, los de Jesús casi nunca (Lc. 5:33-34). No ayunaban porque tenían al Esposo (a Jesús el Mesías) con ellos. Pero Jesús mismo dijo que cuando Él se fuera de esta tierra, entonces sus discípulos ayunarían (Lc. 5:33-34). Ayuno congregacional: la iglesia de Antioquía antes de seleccionar a Bernabé y a Pablo como misioneros (Hch. 13:1-3).

Conclusión. Lo que distingue a un verdadero cristiano de otro no es que ayune u ore mucho, o que dé grandes ofrendas, o que evangelice mucho, etc. Lo que lo distingue es lo que es genuinamente en su relación con Cristo. Todas las cosas anteriores serán simplemente una consecuencia de vivir realmente en Cristo. Olvidémonos de aparentar delante de los demás. Seamos naturales e íntegros. La recompensa llegará, no te preocupes, pero no vendrá de los hombres, ¡vendrá de Dios!

Haceos tesoros que no perezcan
Mateo 6:19-21

Introducción. Una parte fundamental de nuestra conversión a Cristo es que ya no somos dueños de las cosas que tenemos, sino que ahora somos sus administradores. Las cosas materiales ya no deben dominarnos ni poseernos. Somos libres del afán materialista para ser libres de servir a Cristo y dedicados a beneficiar al mundo a través de las bendiciones que recibimos de Dios.

1. **No os hagáis tesoros en la tierra.** (v. 19). No dejes que las cosas materiales dominen tu vida. 1) Vestido. La gente de dinero en el Medio Oriente, le gustaba hacer ostentación con sus trajes costosos. El Señor les dice: "La polilla se comerá esos trajes." 2) Dinero. La gente guardaba sus riquezas (metales preciosos) en sus casas porque no habían bancos. Muchas veces, el óxido se comía esos metales. Por otra parte, los ladrones acostumbraban a cavar los muros de barro de las casas para robarse esos tesoros. Esas cosas materiales dominaban la vida la gente. También los pobres muchas veces están cautivos en su ansiedad de tener.

2. **Haceos tesoros en el cielo.** (v. 20). Allí no hay polilla, orín, ni ladrones. Tu riqueza está segura allí. ¿Cómo podemos hacer ese tesoro en el cielo? Cuando menos de dos formas: 1) Cada vez que tú das para la obra del Señor a través de tus ofrendas y tus diezmos, estás depositando en el banco del cielo. Ese dinero ganará los más altos y eternos intereses. 2) Cada vez que das a una persona, una familia o un grupo de personas necesitadas, estás atesorando riquezas en el cielo (Mt. 25:5-40; Hch. 4:32-35; 1 Jn. 3:16-18)

3. **Porque donde esté vuestro tesoro, allí está tu corazón.** (v. 21). Este es el centro del mensaje. El dinero o cualquier otro bien de este mundo pueden dominar mi corazón. Lo material puede ser el dios de mi vida. El proverbista nos recuerda: "Sobre toda cosa guardada, guarda tu corazón, porque de él mana la vida" (Pr. 4:23).

Conclusión. El cristiano no es dueño de lo que tiene. Dios es dueño de todo. Nosotros somos sus administradores, acumulando riquezas en el cielo a través de dar para la obra del Señor y ayudar a los pobres y necesitados alrededor nuestro.

Los ojos y la codicia de la vida
Mateo 6:22-23

Introducción. Este pasaje es continuación de lo que el Señor comienza a exhortarnos en los versículos 19 al 21. En esa primera parte, Él se refiere a no dejar que nuestro corazón sea dominado por el amor a las cosas materiales. En el mensaje de hoy nos habla sobre la manera como los cristianos tenemos que mirar los bienes materiales. Es un mensaje muy pertinente en este tiempo de ansiedad por las posesiones materiales.

1. **La lámpara del cuerpo es el ojo. (v. 22a).** Esta expresión de Jesús se refiere a la forma como vemos las cosas que nos rodean, tanto física como espiritualmente. La manera como miramos los cristianos debe ser diferente a la de aquellos que viven en tinieblas. Jesús nos explica que hay dos formas como los cristianos podemos ver el mundo.

2. **Mirando con buenos ojos. (v 22b).** Esto es cuando miramos lo que nos rodea como propiedad de Dios y nos vemos a nosotros como mayordomos y no como esclavos de las cosas: 1) Cuando nuestra mirada se dirige a las maravillas de la ley de Dios, como indica el Salmo 119:18. 2) Cuando entendemos que somos la niña de los ojos de Dios (Dt. 32:10) y entonces vemos el mundo como Él lo ve. 3) Cuando miramos que nuestra vida no se llene de glotonería y de los afanes de esta vida (Lc. 21:34-36). 4) Cuando no servimos al ojo, como los que quieren agradar a los hombres, sino como siervos de Cristo (Ef. 6:6). 5) Cuando alzamos nuestros ojos hacia los montes esperando el socorro que viene de Jehová y no a la seguridad aparente de las cosas materiales (Sal. 121:1). Cuando tenemos esa

clase de mirada entonces llenamos a este mundo de la luz de Cristo.

3   **Mirando con ojos malignos.** (v. 23). Todo lo contrario ocurre cuando el ojo del cristiano es maligno. 1) Cuando tenemos codicia por poseer las cosas para nosotros mismos. Esto es lo que le sucedió a Adán y Eva en el huerto: Sus ojos se abrieron al desobedecer a Dios, pero ahora sus ojos estaban llenos de mal (Gn. 3:5-7). 2) Cuando nuestra mirada está puesta en los bienes materiales. Este era el problema de la iglesia de Laodicea (Ap. 3:18). Es una de las advertencias más serias en la Escritura acerca de cómo mirar y desear las cosas del mundo. 3) Cuando no nos saciamos de desear con la mente y los ojos la riqueza material, y en consecuencia nunca estamos satisfechos con las bendiciones de Dios (Pr. 27:20). 4) Cuando nuestros ojos están puestos en la vanidad de la vida (1 Jn. 2:15-17).

Conclusión. Pidamos al Señor que podamos mirar al mundo a través de los ojos de Dios. Él nos dice que todo lo que ha sido creado es nuestro y nosotros somos sus mayordomos. Somos ricos, prósperos y bendecidos en Él. Un día seremos coherederos con Él de todas las riquezas del universo. ¿Por qué conformarnos con menos? Pongamos, pues, nuestros ojos en el autor y consumador de la fe, nuestro Señor Jesucristo (He. 12:1).

Echando fuera toda ansiedad
Mateo 6:25-34

Introducción. En el versículo anterior (24), el Señor hace énfasis en el peligro de vivir para las cosas materiales. En el mensaje de hoy nos habla del pecado de afanarnos por esas cosas.

1. **No os afanéis por la vida y el cuerpo.** (v. 25-30). No significa que no debemos interesarnos por las cosas materiales. Estas son necesarias. No solo de pan vive el hombre, indica que también vive de pan. No hay que quedarse en meditación quieta esperando que las cosas bajen del cielo. El ejemplo que nos dan las aves nos enseña esto. Es cierto que no siembran, ni siegan, ni recogen en graneros, pero se la pasan todo el día buscando el alimento y cuidando su nido. Y los lirios, como las demás plantas, no hilan, pero sustraen el alimento de la tierra o del área donde están plantadas. Pablo dice que el que no trabaje que no coma. Lo que el Señor nos enseña aquí es a no estar ansiosos por estas cosas, como si fueran el fin último de la vida. La historia de Marta y María es un ejemplo de esto (Lc. 10:38: 42). "Por nada estéis afanosos" (Fil. 4:6, 7) Dios es el autor de nuestra vida, por tanto, Él también se preocupará de nosotros (Ro. 8:32). "Encomienda a Jehová tu camino, confía en Él y Él hará" (Sal. 37:4). ¿Por qué hay pues hambre y pobreza en el mundo si Dios cuida de todos los seres humanos? Porque Dios cuida de su hijos, de los cristianos. Observe y encuentre que las causas de la pobreza son debidas al pecado de los padres y/o de la sociedad. La gente debe aceptar al Señor para salir de su estado de miseria. Dios no es el Padre de las aves, pero las

cuida. Él es nuestro Padre, cuánto más cuidará de nosotros. Nosotros debemos sembrar y cosechar y almacenar. Es parte de nuestro mandato en el Edén, pero quien finalmente provee todo es Dios. Por tanto, no debemos vivir en ansiosa inquietud.

2. **Hombres de poca fe.** (v. 30-32). Es una de las expresiones centrales de este mensaje. Se refiere a tener fe apenas para las cosas espirituales. Dios desea que nuestra fe sea integral y práctica. Nuestra fe debe ser aplicada también en el área de la vida diaria y material. Muchas veces no le creemos al Señor en esta área.

3. **Buscad primero el reino de Dios y su justicia.** (v. 33). Si hay algo por lo que debemos "afanarnos" es por buscar a Dios, por apartar tiempo para buscar su rostro. Dos ejemplos notables de los resultados de esto: 1) Salomón, pidió sabiduría y no riquezas. Dios le dio sabiduría y riquezas. 2) Los cuáqueros se dedicaron a buscar a Dios y Dios les dio riquezas. Debido al hecho de que vivían para Dios, no gastaban el dinero innecesariamente y así sus ingresos prosperaron.

4. **No os afanéis por el mañana.** (v. 34). No solo no debemos afanarnos por el presente, pero tampoco por el futuro. Aprendamos a vivir despojados del peso de los pecados y errores pasados y a vivir en el presente, en el presente eterno de la voluntad de Dios (He. 13:8). Esto no quiere decir que no debemos planificar para el futuro (las estaciones y los tiempos de la cosecha son una enseñanza en este sentido). La enseñanza es que no debemos dejar que estas cosas nos preocupen de tal manera que nos roben el gozo de la vida presente.

Conclusión. Debemos vivir responsablemente, trabajando para procurar el pan de cada día y de ser posible también cuidando para el futuro. Pero el Señor nos enseña a no vivir para estas cosas, ni afanarnos por ellas. Debemos buscar primero las cosas de Dios y lo demás vendrá como parte de la bendición de buscar a Dios.

El juzgar a los demás
Mateo 7:1-6

Introducción. Aquí entramos a una nueva y última sección del Sermón del Monte. El tema particular que desarrolla es nuestra relación con otras personas, pero lo importante sigue siendo caer en la cuenta de que nuestra relación con Dios es el punto fundamental. Lo que realmente importa no es lo que otros piensen de nosotros, sino lo que Dios piense de nosotros.

1. **No juzguéis para que no seáis juzgados.** (vv. 1-2). El Señor no está enseñando aquí que no debemos emitir juicios, siempre y cuando estos sean verdaderamente justos y basados en la verdad. En toda la Escritura hay un mandato al pueblo de Dios a juzgar con justo juicio todas las situaciones en que vivimos en este mundo (Jn. 7:24; Lc. 16:15, etc.) Lo que el Señor está condenando aquí es que juzguemos (critiquemos y hablemos mal de otros) de forma injusta y engañosa, para hacerle mal a otro. De la misma manera que juzgamos a otros, Dios juzgará nuestros propios pecados. Las personas que acostumbran juzgar a otras, se sorprenden cuando otros les juzgan con la misma vara.

2. **La paja y la viga.** (vv. 3-5). Si queremos ver la pequeña paja que está en el ojo de nuestros hermanos, debemos primero limpiarnos nuestros propios ojos. La mejor forma de librarse del espíritu de crítica es criticarse y condenarse a uno mismo. Para poder sacar la paja se necesita mucha delicadeza, y cuidado, porque los ojos son muy sensibles. La única manera de ayudar a otro es cuando nuestros motivos son puros y sinceros y originados en el amor.

3. **No deis lo santo a los perros, ni las perlas a los cerdos.** (v.

6). Este versículo final pone el balance a todo lo que el Señor viene diciendo. La expresión se refiere a la verdad que es santa y es comparada con las perlas. En la Palestina de los tiempos de Jesús, los perros eran animales salvajes, no domesticados como los conocemos hoy. Ellos se alimentaban de la basura y representaban oprobio. Los cerdos, por su parte, eran símbolo de lo impuro y excluido de la sociedad. ¿A quienes, pues, se refiere el Señor en tales términos? Obviamente no es necesariamente a los inconversos en general, porque ellos son el objeto de su amor y la iglesia está llamada a evangelizarlos. En cambio, tiene que ver con nuestra manera de tratar a las personas. Jesús las trató en forma diferente a cada una. Trató de una manera a Nicodemo, a la mujer samaritana y a la mujer sorprendida en adulterio. Pero el mejor ejemplo es cómo trató a Pilato (Lc. 23) cuando éste le preguntó qué era la verdad sin tener ningún interés en conocer la respuesta. Jesús simplemente no le contestó. "No dio las perlas a los cerdos." Otros ejemplos en Hechos 13:46 y Hechos 18:6 de personas que, como perros y cerdos, blasfemaron y pisotearon la verdad. El Señor nos llama a no gastar demasiado tiempo con tales personas.

Conclusión. El verdadero cristiano se saca la viga de su ojo y se libra de todo espíritu de censura, para poder ayudar realmente a los demás. Y practica el discernimiento y el conocimiento espiritual en su relación con cada persona. Que el Señor nos ayude a vivir cada día en una vida de gracia que resulte atractiva a los que no conocen a Dios y sea también de inspiración para nuestros hermanos y hermanas en Cristo.

¿Una puerta estrecha?
Mateo 7:13-14

Introducción. Este mensaje es complemento natural de lo que el Señor nos enseña en los versículos anteriores. Aunque somos llamados a pedir, buscar y llamar, seguros de que Él nos responderá, esto no significa que somos llamados a una vida hedonista ni egocéntrica. Nuestra mirada debe estar puesta en la ciudad eterna.

1. **Entrad por la puerta estrecha.** (v. 13). Esto es todo lo contrario a lo que nos plantea el mundo y sus ideas. ¿Qué es la puerta estrecha? El camino único provisto por Cristo. El mundo nos plantea muchos caminos y opciones y todos ellos llevan a la destrucción y la muerte (Pr. 14:12; 16:25).

2. **Estrecha es la puerta y el camino que llevan a la vida.** (v. 14). Jesús se definió a sí mismo como la puerta (Jn. 10:9) y como el camino (Jn. 14:6). La gente prefiere considerar otras opciones: las religiones, el prestigio social, la fama, la riqueza. Pero el camino de Jesús nos llama a morir a nosotros mismos, para tener vida eterna en Él. Sin embargo, es allí donde está la paradoja del evangelio: Cuando morimos en Cristo es cuando tenemos vida; cuando lo perdemos todo por Él, es cuando ganamos todas las cosas en este mundo y en la vida eterna.

Conclusión. Jesús nos llama a pedir, buscar y llamar, pero sometidos a su perfecta voluntad. El camino que Él nos llama a seguir es angosto según los criterios del mundo y de las inclinaciones de la naturaleza pecaminosa. Pero cuando entramos por esa puerta y ese camino que es Cristo, descubrimos la plenitud de la vida, descubrimos que en realidad es el mundo más grandioso de todos.

Firmes en Cristo
Mateo 7:15-20

Introducción. Los cristianos somos llamados a una vida de completa consagración al Señor, desechando toda enseñanza que no esté fundamentada en la Biblia. Las doctrinas de error abundan en nuestro medio. Por eso debemos no solo estar preparados para presentar defensa de nuestra fe, sino para compartir el evangelio con otros.

1. **Llamado a preservar la sana doctrina.** (vv. 15-20). No solamente debemos discernir lo que escuchamos dentro de la iglesia, sino fuera de ella: por la radio, la televisión, la visita de miembros de sectas de error. Si no estamos firmes en Cristo podemos estar abiertos al error. Ejemplo de esto fue el pueblo de Israel en el monte Sinaí (Éx. 32). Fueron rápidos en ir tras el becerro de oro aunque estaban viendo la gloria de Dios. Su corazón no estaba entregado a Dios.

2. **Señales distintivas de las sectas.** Jesús dice que por sus frutos conoceremos el error y a sus falsos proclamadores. Las doctrinas de error tienen normalmente estas características: 1) Jesús no es el centro de adoración. 2) Tienen otras fuentes doctrinarias aparte de la Biblia. 3) Afirman que son los únicos que tienen la verdad. 4) Hacen uso de falsas interpretaciones de la Biblia. 5) Enseñan a los seres humanos cómo conseguir la salvación sin necesidad de Cristo. 6) Son proselitistas.

Conclusión. El Señor dice que por sus frutos conoceremos a los falsos profetas y también a los falsos cristianos. Cada uno de nosotros debe estar produciendo fruto en su propia vida y para el reino de Dios. La clave de la victoria es vivir unidos a Cristo, habiendo rendido a Él enteramente nuestra vida y nuestra voluntad.

La obediencia a Cristo
Mateo 7:21-23

Introducción. No basta con venir a la iglesia o qapariencia de persona religiosa. Lo fundamental es lo que hay en nuestro corazón. Dios espera que cada ser humano le rinda su vida y camine en obediencia a su Palabra.

1. **Religiosidad frente al señorío de Cristo. (v. 21).** Muchas personas de apariencia religiosa se dan golpes de pecho, hacen penitencias y hablan de las cosas de Dios, pero en su vida privada e interior, no están sometidas a la voluntad de Dios. En el pasaje anterior de Mateo (7:15-20) el Señor expresa que el verdadero cristiano será conocido por sus frutos. Los verdaderos discípulos de Cristo mostrarán una vida de integridad pública y privada y de entrega completa a la voluntad del Padre celestial. Hay que decir: "Señor, Señor," pero cuando es una declaración de fe y entrega y no meramente una afirmación mental o religiosa.

2. **Autoengaño y autoilusión.** Muchos autollamados cristianos pueden hablar de las cosas de Dios (predicar, enseñar, evangelizar y hasta echar fuera demonios) y sin embargo, no caminar rectamente delante del Señor. 1) Un ejemplo en el Antiguo Testamento: el profeta Balaam. 2) Un ejemplo en el Nuevo Testamento: Judas Iscariote. Él fue con los demás discípulos a predicar y echó fuera demonios, pero su corazón no era recto delante de Dios. En Hechos 19 también encontramos a los hijos de Esceva que echaban fuera demonios, pero no eran convertidos a Cristo.

Conclusión. Dios nos conoce mejor que nosotros a nosotros mismos. No debemos vivir en la apariencia de una religiosidad superficial y engañosa, sin entregar por completo nuestra vida y voluntad al Señor. Solo así podremos decir, "Señor, Señor," y escuchar la voz de Dios diciéndonos: "Bienaventurado siervo fiel, entra en el gozo de tu Señor."

Fundados sobre la Roca
Mateo 7:24-29

Introducción. Llegamos con este pasaje a la conclusión del Sermón del Monte. Las palabras con las que el Señor cierra su mensaje son solemnes y demuestran que para los cristianos no hay dos opciones: u obedecemos a su enseñanza y viviremos, o dejaremos de obedecerle y nos enfrentaremos a la derrota y la ruina.

1. **El cristiano verdadero edifica su vida sobre la roca, que es Cristo.** (vv. 24-25). Con mucha frecuencia es solo en las pruebas que podemos darnos cuenta cuál es el fundamento de nuestra vida. El cristiano auténtico es aquel que en medio de las tentaciones, de las pruebas y las dificultades (lluvias, ríos y vientos), permanece firme en Cristo. Nada le aparta del Señor, porque sus pies están bien puestos sobre la Roca. Es alguien que ha aprendido a saber que "la roca de ellos (de la gente sin Cristo) no es como nuestra roca" (Dt. 32:31), sino que el Señor es "mi Roca y mi fortaleza, y mi libertador," como lo expresó David después que Dios le había librado de todos sus enemigos.

2. **El que no obedece a Cristo edifica su vida sobre la arena.** Estas palabras finales del Sermón del Monte van dirigidas a aquellos que están cerca del reino de Dios, pero todavía no han entregado completamente su vida a Él. Van a la iglesia, se relacionan con verdaderos cristianos, pero su propia vida permanece al margen de la entrega completa al Señor. Si permanecen en esta clase de vida de doble comportamiento, cuando vengan las tentaciones, las pruebas y las dificultades (lluvias, ríos y vientos), serán arrastrado por ellas.

Conclusión. ¿Sobre qué estas parado en el día de hoy? ¿Sobre la Roca eterna e inconmovible de los siglos que es Cristo? ¿O sobre la arena de las apariencias y de tus propias ideas? Deja que hoy el Señor tome control de tu vida y te lleve a la Roca que es más alta que nosotros.

El reino y la mostaza
Mateo 13:31-32

Introducción. En esta parábola, Jesús nos quiere demostrar la importancia de las cosas pequeñas en la vida. El reino de los cielos se manifestó en este mundo como algo muy pequeño: Por medio de un humilde carpintero en una ciudad insignificante como Nazaret. Pero llegó a ser el árbol de la vida en el cual buscan abrigo las naciones (Ap. 22:1-5). Como cristianos y como miembros del reino Dios, debemos aprender a tener en cuenta que lo pequeño puede ser tanto negativo como positivo.

1. **Lo pequeño, negativamente.** Muchos de los problemas en que nos llegamos a envolver empiezan como algo pequeño. Una mirada, una palabra, una mala impresión y luego dejamos que esto se convierta en una raíz de amargura, en un problema incontrolable. La advertencia bíblica es: "Cazadnos las zorras, las zorras pequeñas que echan a perder las viñas; porque nuestras viñas están en cierne" (Cnt. 2:15).

2. **Lo pequeño, positivamente.** Pero también las grandes cosas del reino de Dios y de nuestras vidas, empiezan como algo muy pequeño. Este es el ejemplo que el Señor usó cuando dijo: "Si tuvierais fe como un grano de mostaza, podrías decir a este sicómoro: Desarráigate, y plántate en el mar; y os obedecería" (Lc. 17:6).

Conclusión. El reino de los cielos está creciendo dentro de nosotros: en nuestras vidas, en nuestras acciones. El reino de los cielos está creciendo en la sociedad, en el mundo: con el crecimiento de la iglesia, con el avance de las misiones. Dejemos que la semilla del reino siga creciendo en nosotros y lleguemos a ser árboles fuertes y maduros para la gloria de Dios y la bendición de las naciones.

Lo aparente y lo real
Mateo 13:4-30; 36-43

Introducción. Dios se tomó el riesgo de plantar su reino en un mundo caído. Por eso, es inevitable que junto a la buena semilla esté también la semilla mala. Esta semilla mala es la obra del enemigo que intenta perturbar la obra de Dios. En esta parábola, el Señor nos da una advertencia para que diferenciemos entre lo que es y lo que no es de Dios.

1. **La parábola nos ilustra sobre el engaño desde el comienzo de la vida humana.** Dios sembró la buena semilla, pero el diablo vino y sembró la semilla mala en el corazón humano. Esta parábola nos habla del engaño del enemigo a través de la historia. Muchas personas han llegado al punto de no distinguir entre la verdad y la mentira.

2. **La parábola nos advierte sobre el peligro de ser engañados.** Hay grandes imitadores, pero el producto verdadero siempre es único y uno finalmente puede reconocerlo.

3. **La parábola nos enseña de la convivencia del trigo con la cizaña.** La cizaña siembra discordias (es uno de los equivalentes espirituales de esta planta). Por ello el Señor nos dice: "examinadlo todo, retened lo bueno" (1 Ts. 5:21). La cizaña destruye la cosecha, ahoga el crecimiento, estanca la labor del trigo.

4. **La parábola nos llama a ser trigo de Dios.** Dios nos llama a ser trigo, que al ser cosechado y preparado se convierte en pan, en alimento, en vida para otros. La cizaña, una planta silvestre, solo sirve para combustible, para ser echada al fuego.

Conclusión. Nuestra oración es que seamos hallados trigo de

Dios y no cizaña, que el enemigo no tome ventaja de nosotros. Lo que somos o seamos depende de nosotros. Decidamos ser trigo de Dios y bendición al mundo. La promesa del Señor es que "los justos resplandecerán como el sol en el reino de su Padre" (Mt. 13:43)

La levadura de Dios
Mateo 13:33

Introducción. Como en las parábolas de la semilla de mostaza y del trigo y la cizaña, esta parábola de la levadura también contiene un doble significado: tiene un aspecto negativo y otro positivo. En ambos casos es un llamado de atención a nosotros, como hijos de Dios: ¿Qué clase de levadura hay dentro de nosotros? ¿Qué es lo que nos influencia y condiciona? ¿Qué clase de levadura somos nosotros para el mundo que nos rodea?

1. **La levadura como algo negativo.** Generalmente en la Biblia, la palabra levadura tiene un sentido negativo. Prácticamente en todas las ocasiones que se la menciona es para hablar mal de ella:

   A. **En el Antiguo Testamento:**

      1) Dios establece en Éxodo 12:15-20 la llamada Fiesta de los panes sin levadura. La idea de esta fiesta era recordarle a los judíos que debían ser un pueblo consagrado completamente a Dios. La levadura era símbolo de todo aquello que podía contaminar y corromper las buenas costumbres del pueblo de Dios.

      2) En Levítico 2:1-11 se dan instrucciones sobre el pan y otras ofrendas de cereales sin levadura. La idea de que no tuvieran levadura implicaba que debían darle a Dios lo mejor. El pan sin levadura es más puro. No ha sido inflado artificialmente. Es auténtico. Muestra su verdadero aspecto. Así quería Dios al pueblo judío y así quiere Dios al pueblo cristiano.

      3) En Éxodo 12 se establece la Pascua y se menciona

no usar pan con levadura. Cristo es nuestra Pascua. Él no tenía la mala levadura en su vida y nos llama a limpiarnos de la vieja levadura para ser nueva masa en Cristo (1 Co. 5:6-8).

B. En el Nuevo Testamento:

1) En Mateo 16:5-12 Jesús compara las doctrinas de los fariseos y saduceos con la levadura y dice que debemos guardarnos de esas doctrinas.

2) En Lucas 12:1 Jesús dice que la levadura de los fariseos es su hipocresía. El mismo Señor dijo que "No hay nada oculto que no haya de ser manifestado; ni escondido que no haya de salir a la luz" (Mr. 4:21).

3) 1 Corintios 5:6-8: Limpiaos de la vieja levadura, para que seáis nueva masa, sin levadura (levadura de malicia y maldad).

2. **La levadura como algo positivo.** Pero en la parábola de la levadura, que es una parábola para comparar cómo es el reino de Dios, el significado de la levadura es mayormente positivo. En este sentido positivo, tiene dos dimensiones:

1) En el ministerio de la iglesia, que es leudar el mundo: La mujer en la parábola es la iglesia. La levadura es el mensaje del reino de Dios que es escondido (colocado) en las culturas y los pueblos del mundo, hasta que todo el mundo sea "leudado" (fermentado) con la Palabra de Dios.

2) En la vida del creyente: Cada uno de nosotros debe echar fuera la levadura vieja y dejarse leudar con la levadura de Dios (su doctrina, su integridad, su consagración). También debemos leudar a nuestras familias, amigos, conocidos y desconocidos, con el mensaje de salvación, "hasta que toda la masa (el mundo) sea fermentada."

Conclusión. Como indica Arturo Robertson: "La parábola ilustra el poder silencioso, inadvertido, y sin embargo, penetrante del evangelio que finalmente efectúa un cambio en los seres humanos y en su cultura. Hasta que Cristo venga los discípulos han de someter y armonizar todo pensamiento con la mente y la voluntad de Cristo para que toda esfera de la vida lo exalte. Esta parábola, como la de la semilla de mostaza, enseñan que los discípulos deben tener paciencia, ejercer fe y seguir orando y trabajando. El programa de Dios no puede fallar."

¡Mi todo por el reino!
Mateo 13:44

Introducción. La parábola que acostumbramos llamar "el tesoro escondido" es una de las más hermosas y comprometedoras de todas las parábolas sobre el reino de Dios. En ella, Jesús nos hace el llamado a vivir radicalmente nuestra fe en Él. Esta es una parábola cristológica. Cristo es nuestro tesoro escondido que debemos compartir con el mundo.

1. **Un reino escondido a las naciones.** Aunque el mensaje de Dios se ha estado predicando por todas las generaciones desde la caída de los primeros padres (Gn. 3:15), la verdad del reino y las promesas de Dios solo adquieren completo cumplimiento cuando "el Verbo de Dios se hizo carne y habitó entre nosotros" (Jn. 1:14). Cristo vino para revelar el tesoro escondido de la salvación y la plenitud de su reino de amor entre nosotros (Col. 2:3).

2. **El hallazgo del reino.** El hombre de la parábola nos representa a cada uno de los creyentes en Cristo. Como este hombre, nosotros andábamos de una manera u otra en la búsqueda de algo que satisficiera nuestra pobreza y nuestra necesidad espiritual. De repente, en el camino de la vida (el campo de la parábola) nos "tropezamos" con Cristo, el tesoro escondido de nuestro Padre Celestial.

3. **Dándolo todo por el reino de Dios.** Cuando el hombre de la parábola encontró el tesoro, vendió todo lo que tenía para poder quedarse con su nuevo tesoro. Este tesoro es Cristo y su evangelio. Este "venderlo todo" significa la entrega total que Dios espera de nosotros a fin de que podamos ser dueños y disfrutar del verdadero tesoro de

este universo que es Jesucristo el Señor (Mt. 19:29).

1) Jesús mismo nos dio el ejemplo de esta entrega. Él era el rey de ese reino, pero se despojó de sus privilegios, se hizo un ser humano como nosotros, padeció, murió en la cruz, resucitó y ascendió al cielo: todo eso lo hizo para mostrarnos el valor de nuestra salvación, el tesoro escondido (Fil. 2:5-1).

2) Zaqueo (Lc. 19:2-10); María, la hermana de Lázaro (Mt. 26:6-13); los apóstoles (Lc. 18:28). Estos son apenas unos pocos ejemplos de personas que lo dieron todo cuando conocieron al Maestro.

Conclusión. Ahora que tenemos ese tesoro de Dios "en los vasos de barro que somos nosotros" (2 Co. 4:7) vivamos para expresar la gloria y la alabanza de Dios con nuestra vida. Enriquezcamos al mundo compartiendo de ese tesoro. Pongámoslo a producir al ciento por uno. Demostremos la realidad de ese tesoro que está en nosotros, a fin de que las riquezas de Cristo sean conocidas por todas las naciones.

¡Lanza la red!
Mateo 13:47-50

Introducción. Cada uno de nosotros, los hijos e hijas de Dios, somos los instrumentos que Él está usando para que su reino sea envuelto en las redes de su amor y su salvación. Esta parábola nos ilustra nuestra responsabilidad de ser parte de la red de Dios, a la vez que nos recuerda que Él está en el control de la historia hasta el fin de los tiempos.

1. **Una proclamación a todas las naciones.** Jesús le habló a un pueblo rural y pescador. Hoy día, las redes para proclamar el evangelio son los satélites, el internet y los sofisticados medios de comunicación, la radio, la televisión, los videos, los audiocasetes, los misioneros a los no alcanzados, la literatura, el evangelismo de masas, el evangelismo personal, etc. Esta red está cubriendo el mundo entero.

2. **Una pesca indiscriminada.** Como en la antigua parábola del Señor, somos llamados a lanzar las redes (es decir, todos los medios de que dispongamos hoy) para que el evangelio del reino pueda ser oído por toda clase de persona. No somos llamados a ser selectivos en cuanto a quién anunciamos las buenas nuevas de salvación.

3. **Una selección divina.** Esta parábola es también un hermoso recordatorio de que si bien nuestra tarea es tirar la red y proclamar el evangelio, Dios es quien conoce el corazón de los seres humanos y sabe quiénes de verdad son sus seguidores.

Conclusión. En esta, como en las demás parábolas del reino, la decisión de los seres humanos juega un papel importante. Cuando lanzamos la red del evangelio recogemos toda clase de peces. Pero es Dios finalmente quien apartará los peces buenos de los malos. Nuestra responsabilidad es seguir proclamando su reino hasta la consumación del tiempo.

SEGUNDA PARTE

FECHAS ESPECIALES

En este nuevo año:
Pedid, buscad, llamad
Mateo 7:7-12

Introducción. Al iniciar este nuevo año, Dios nos invita a cumplir nuestros sueños y nuestras metas. Él desea todo lo mejor para nosotros. El límite de lo que podemos lograr este año nos lo imponemos nosotros mismos, pero Dios quiere que sus hijos vivamos en la plenitud de su plan y propósito para nosotros.

1. **Pedid y se os dará.** (v. 7a). Este es el nivel más sencillo de obtener las cosas de Dios. Simplemente Él nos dice que le pidamos. Santiago indica que muchas veces no alcanzamos nada, porque nada pedimos (Stg 4:2b). ¿Qué estás pidiendo para tu vida este año?

2. **Buscad y hallaréis.** (v. 7b). Cuando no basta solo con pedir, cuando la respuesta no llega de manera simple, entonces debemos buscar el rostro del Señor de una manera perseverante hasta alcanzar su respuesta. ¿Qué estás buscando para tu vida este año?

3. **Llamad y se os abrirá.** (v. 7c). Este es el nivel de la oración desesperada, de la oración agonizante que clama por la respuesta de Dios. Toquemos a la puerta del cielo y Dios ha prometido que Él nos la abrirá.

4. **Seguridad de la respuesta de Dios.** Estos verbos activos: pedir, buscar, llamar, van acompañados de la promesa de Dios que Él seguramente nos contestará. Si nosotros, que somos malos en comparación con Dios, le damos a nuestros hijos las cosas que ellos nos piden, cuánto más nuestro Padre celestial nos dará lo que le pidamos.

5. **Hagamos a otros lo que Dios hace por nosotros.** La aplicación de estas promesas de Dios no son solamente para que nos gocemos y las aprovechemos solo para nosotros. De la manera que Dios nos bendice respondiendo nuestras oraciones, este año bendigamos la vida de otros. Hagamos con ellos, lo que queremos que los demás hagan con nosotros. En esto se resume el mandamiento principal de amar a Dios y a nuestro prójimo como a nosotros mismos.

Conclusión. Delante de nosotros tenemos todo un año lleno de promesas y grandes desafíos. Pidamos, busquemos, llamemos a la puerta de Dios, con la certeza de que Él nos contestará. ¿Cuáles son tus aspiraciones y tus planes para los próximos doce meses?

En este nuevo año: Primero lo primero
Mateo 6:25-34

Introducción. Al comienzo de cada nuevo año, todos hacemos planes y propósitos para los meses que tenemos por delante. Independientemente de las metas que queramos alcanzar durante este año, hay tres metas que deben ser prioritarias en nuestra vida, no solo este año, sino todos los días de nuestra vida, hasta el día en que estemos en la presencia del Señor.

1. **Primero, vivir en oración.** Lucas 18:1-8. Lo más grande que un cristiano puede hacer por Dios y por los seres humanos es orar. No es la única cosa que podemos hacer, pero es la principal. La gente clave de nuestro mundo es la gente que ora. ¡No quiero decir aquellos que hablan de orar, ni aquellos que pueden enseñar acerca de la oración, sino aquellos que oran! Samuel Chadwick decía: "la única preocupación del diablo es mantener a los cristianos alejados de la oración. Él no le teme al estudio bíblico sin oración, o al trabajo cristiano sin oración. Él se ríe de nuestro afán y se burla de nuestra sabiduría, pero tiembla cuando oramos." (Ver 1 Ts. 5:17; Mr. 1:35-38).

2. **Primero, vivir para hacer la voluntad.** Romanos 12:2. El anhelo de Dios es que conozcamos su buena voluntad, agradable y perfecta. El mensaje central de la vida cristiana es sintonizar nuestra vida con la voluntad de Dios. Él tiene un plan para cada uno de nosotros, pero necesitamos conocerlo, descubrirlo en su Palabra y en su dirección personal en nuestra vida diaria.

3. **Primero, vivir para ganar el mundo para Cristo.** 2 Timoteo 4:1-5. Esta es una responsabilidad que debemos renovar

de año en año. Los cristianos somos llamados a emplear todas nuestras fuerzas y recursos para que el reino de Dios sea conocido por cada persona en la tierra. No hay ningún cristiano que esté excluido de esa responsabilidad y privilegio.

Conclusión. En este nuevo año, consagrémonos con todas nuestras fuerzas a vivir vidas de oración, vidas que buscan y conocen la voluntad de Dios y vidas que se invierten en ganar a un mundo perdido para el reino de Dios. Después de eso, vienen todos los demás planes que tengamos para nuestra vida, para nuestras familias y para nuestra iglesia.

Tres deseos para el nuevo año
Juan 4:32-34;
Filipenses 4:8-9; Juan 20:21

Introducción. Aquí estamos una vez más en esa época cuando comenzamos a pensar en lo que nos gustaría alcanzar para el nuevo año. Es un momento absolutamente único el que tenemos que vivir. ¿Cuáles son los deseos más ardientes que tienes en tu corazón? ¿Cuáles son las metas que quieres alcanzar? Aquí hay tres deseos que cada cristiano debe tener el anhelo de alcanzar, no solo para este año sino para el resto de su vida:

1. **El deseo de entregarnos radicalmente a Cristo.** Juan 4:32-34. La necesidad más grande que tendrá el mundo en este milenio es de cristianos verdaderamente dedicados a Jesucristo. Este es el tiempo de una renovación profunda en nuestros corazones, en nuestras actitudes, en nuestras familias, en nuestras metas, en nuestra responsabilidad hacia la iglesia y el mundo. Solo los radicales, de los cuales Cristo fue el primero, pueden transformar el mundo.

2. **El deseo de enfocar en las cosas constructivas.** Filipenses 4:8-9. El otro día fui con mi hijo David a pasear por una montaña. En el camino me contó que durante los entrenamientos del equipo de atletismo en que él participa en la escuela, les enseñan a no pensar en el dolor, ni en el cansancio, mientras están corriendo. Tienen que enfocar en que van a llegar a la meta, tienen que pensar en una canción que les guste, entonces, de repente, alcanzan el objetivo, casi sin darse cuenta. Este ejercicio es aplicable también a la vida espiritual. Dios desea que enfoquemos en las cosas buenas que vamos a realizar para Él durante

el próximo año y hasta que Cristo venga otra vez.

3.   **El deseo de dar a conocer a Cristo a otros.** Juan 20:21. El resultado de vivir radicalmente para Cristo y de enfocarnos en las cosas positivas debe ser una vida de testimonio constante a un mundo que necesita desesperadamente de Cristo. En este nuevo siglo y milenio nos consagramos decidida y totalmente a la obra de ganar al mundo para el evangelio.

Conclusión. He aquí tres palabras: Radicalismo, positivismo y evangelismo. Radicales para Cristo. Positivos con nuestra vida y nuestras metas. Evangelísticos en nuestro estilo de vida y nuestro compromiso diario. Con estas tres cosas en nuestra vida, solo nos puede esperar el mejor de los futuros.

El año agradable del Señor
Levítico 25:8-12

Introducción. Tenemos el privilegio de vivir un momento realmente histórico. Este año, proclamamos aquí en nuestra iglesia el "Año agradable del Señor," esto es, un tiempo en el cual estamos seguros que Dios desea hacer grandes cosas en nuestro medio, para su honra y su gloria. Como en los tiempos del Antiguo Testamento, este es un tiempo de Jubileo (Perdón, consagración y liberación). En este cruce de los tiempos, veamos lo que significa un tiempo de Jubileo para el pueblo de Dios.

1. **El año para perdonar.** (vv. 8-9). La celebración del Jubileo judío comenzaba el día de *Yom Kippur*, o Día del Perdón, que con el tiempo llegó a ser la celebración más solemne del pueblo judío. Según el Nuevo Testamento, a través de la muerte de Cristo, Dios nos perdona de una vez y para siempre nuestros pecados a los que creemos en Él (He. 7:27; 9:12). Pero el *Yom Kippur* tiene también la dimensión no solo de que Dios nos perdone, sino de que nosotros perdonemos también a los que nos han ofendido. Así debemos vivir este nuevo milenio: perdonando por completo a cualquiera contra quien tengamos algún resentimiento.

2. **El año para vivir santificados.** (v. 10a). A partir de tener un corazón perdonador, los judíos debían vivir consagrados a Dios durante el año de Jubileo. La mejor manera en que los cristianos podemos mostrar nuestra fe cristiana es dedicándonos a vivir de manera santa, íntegra y pura delante de nuestro Señor Jesucristo. Por supuesto, no solo debemos vivir así este año, sino todos los días de nuestra vida, hasta que Cristo venga por nosotros.

3. **El año para pregonar libertad.** (v. 10b). Uno de los aspectos esenciales del año del Jubileo judío era la liberación de los esclavos y la devolución de las tierras a aquellos que las habían vendido por problemas económicos (como lo indica el capítulo 25 de Levítico). De manera que el Jubileo, además de ser un año de perdón y de santidad, era un año para practicar la justicia restitutoria. Dios nos convoca a los cristianos de este nuevo milenio a vivir y practicar la justicia y a proclamar las buenas nuevas del evangelio de Jesucristo. Esto es lo que fue profetizado por Isaías en el capítulo 61 de su libro y declarado por Jesús en el evangelio de San Lucas 4:18-19.

Conclusión. En este año, tengamos un corazón verdaderamente perdonador (de la misma manera que Cristo nos perdonó en la cruz). Vivamos vidas íntegras y santas, de manera que la gente pueda ver en nosotros la realidad del evangelio. Pregonemos la libertad que Cristo vino a traernos y cumplamos con el ministerio a que Dios nos ha llamado a cada uno de nosotros. Este es nuestro Jubileo cristiano. ¡Esta es la victoria que declaramos en este nuevo milenio!

¡La carrera ha comenzado!
Hebreos 12:1-2

Introducción. En este nuevo siglo, esta nueva década, siglo y milenio, el Señor nos está llamando a correr con paciencia la carrera que tenemos por delante. En este momento, es muy importante recordar que Dios tiene un campo de juego donde cada uno de nosotros tiene iguales oportunidades de alcanzar lo que Dios ha ordenado para nuestras vidas. Las siguientes son algunas pistas para correr bien la carrera que tenemos por delante:

1. **No debemos compararnos con otros.** Por más que nos esforcemos, nunca podremos ser como otras personas. Eso no debe frustrarnos. Al contrario, Dios desea que tú seas tú mismo o tú misma, porque Él tiene un plan preciso y precioso para ti. Tú puedes ser ahora mismo un estudiante, un obrero, un ama de casa. Esa es la voluntad de Dios para tu vida en este momento. Dios te unge con su Santo Espíritu para que realices tu labor de una manera excelente, como nadie más podría hacerla. Esta es la belleza de la carrera que Dios nos da: Solo corremos para mejorarnos a nosotros mismos, para bendecir a los demás y para ayudar en el avance de su reino. Con Dios a nuestro lado, estamos seguros de una gran victoria.

2. **Debemos buscar mantener el gozo durante la carrera.** La vida cristiana es una carrera de largo kilometraje. Por tanto, debemos comprometernos a correrla con gozo. El gozo tiene que ver con el carácter y es un fruto del Espíritu Santo que Dios derrama sobre nuestras vidas. Fruto es el producto del crecimiento y el crecimiento implica cambios a los cuales a veces nos resistimos. No dejemos que el

enemigo nos amargue el gozo que debemos tener en Cristo. Propóngase no ser un cristiano amargado sino uno lleno del gozo del Señor.

3. **Debemos determinarnos a terminar la carrera y terminarla bien.** Leemos en el evangelio de San Lucas 9:51: "Cuando se cumplió el tiempo en que Jesús había de ser recibido arriba, afirmó su rostro para ir a Jerusalén." Jesús sabía lo que le esperaba en Jerusalén: humillación, golpes y la muerte en la cruz. Pero no se echó atrás, sino que en la hora de la prueba, se mantuvo firme y siguió adelante hasta alcanzar su objetivo. ¿Y tú? ¿Estás decidido a terminar bien la carrera? Muchos cristianos empiezan bien los primeros años de su vida cristiana, pero después terminan mal. Uno puede haber hecho grandes cosas para Dios, pero terminar con un pobre testimonio. Desafortunadamente, esto último es lo único que recordará la gente. Por ello, más que del éxito pasajero, debemos preocuparnos por terminar bien la carrera que hemos empezado en Cristo.

Conclusión. El Señor nos da una carrera por correr. Arrodíllate en el punto de salida, mira hacia adelante y espera el disparo de salida. El Señor estará contigo todos los días de tu vida. El que comenzó la buena obra en ti es fiel para ayudarte a terminarla. Mientras vas en tu carrera, recuerda que los cristianos no estamos compitiendo unos contra otros, sino corriendo juntos para obtener el premio del supremo llamamiento de Dios en Cristo Jesús. Si nos mantenemos unidos en la marcha, Él será fiel para sostenernos hasta el fin.

Día del amor

Amor es amar
1 Juan 4:7-21

Introducción. El amor es un verbo activo y su característica principal es la entrega. La señal distintiva del amor no es esperar ser amado, sino, sobretodo, amar. Dios es el ejemplo supremo del amor que se entrega, del amor que todo lo da en beneficio de otro.

1. **Dios es el autor y origen del verdadero amor.** (vv. 7-8). "El amor es de Dios." Es la manifestación suprema de lo que es nuestro Dios. Nos muestra su amor en todo lo creado, pero sobre todo, en su intención suprema de salvarnos, de guiarnos en el camino de la vida y de hacernos miembros de su familia. Dios fundamenta las bases de su creación sobre el principio del amor. Ninguna otra fuerza en el universo es más importante y vital que el amor de Dios.

2. **Dios nos mostró la realidad de su amor al darnos a su hijo.** (vv. 9-10). Pero, el amor de Dios no es simple sentimentalismo. Es el arrebatamiento pasional de Dios que se entrega por nosotros. Es por amor, y únicamente por amor, que Dios nos dio a su Hijo Unigénito, a fin de que no nos perdamos sino tengamos vida eterna en compañía de Él (Jn. 3:16).

3. **Las características del amor verdadero.** (vv. 11-18). En 1 Corintios. 13:1-13, tenemos una descripción del amor maduro, opuesto al amor egoísta. A primera vista parece imposible humanamente vivir en esta altura del amor. Allí la Escritura nos muestra la preeminencia del amor y la forma como Dios espera que nos amemos unos a otros.

4. **El mandato de amarnos unos a otros.** (vv. 19-21). El amor

no es una opción para el cristiano. Es el mandato más importante de Dios. El amor que nos pide dar es aquel que ha derramado en nuestros corazones por el Espíritu Santo. Somos llamados a amar a Dios, a nuestros hermanos en la fe, a nuestro prójimo y a la creación de Dios.

Conclusión. La señal distintiva de un verdadero cristiano es el amor. Todo lo demás pasará. Solo el amor permanece para siempre.

Dos clases de amor
Juan 20:15-17

Introducción. Hoy celebramos un día que deberíamos celebrar todos los días: el día del amor. Para nosotros los cristianos, este es el fundamento de nuestra vida, porque es gracias al amor de Dios que tenemos salvación y que podemos estar reconciliados con Él y con nuestro prójimo. Pero hoy quiero hablar de dos clases de amor que encontramos reflejadas en la Biblia y el llamado que tenemos de amar con una de esas clases de amor.

1. **Amor ágape y amor fileo.** Pocos días después de su resurrección, Jesús se apareció a sus discípulos a orillas del Mar de Galilea. Esa mañana tuvo una conversación con el apóstol Pedro. Jesús le preguntó: "¿Pedro, me amas más que éstos?" (los otros discípulos). Pedro le contestó: "Sí, Señor, tú sabes que te quiero." Cuando uno lee el texto en el idioma griego, en que fue escrito originalmente el evangelio, uno puede notar la diferencia de palabras que usan el Señor Jesús y Pedro en esta conversación. Jesús le pregunta: "¿Pedro me (ágape) amas?" Pedro le contesta: "Sí, Señor, tú sabes que te (fileo) quiero." Las palabras ágape y fileo tienen dos sentidos diferentes en el griego. Ágape es el amor incondicional, el amor con que Dios nos ama y se da por nosotros. El amor fileo tiene el sentido de amor fraternal o el amor entre familiares, pero este amor generalmente es condicional. Yo te quiero si tú me quieres, te respeto si me respetas. Pero aun en la familia, si alguien nos trata mal nosotros tendemos a responder con dureza y a romper las relaciones. Dice el doctor J. Wesley Wilkey: "Muchos matrimonios están construidos

sobre las arenas movedizas del amor fileo y del amor eros (amor sexual) —dos clases de amor que están basados en dar y recibir, o al menos en obtener algo a cambio."

2. **Dios nos llama a vivir en el amor ágape.** La gente tiene en general ideas erróneas acerca de lo que es amor. Piensan que es solo un sentimiento, o una pasión de la que no tenemos control. Por el contrario, Jesús nos dice que el amor es un asunto de elección (Col 3:14) y que es un asunto de conducta (1 Jn. 3:18). Este amor ágape está descrito en su mejor expresión en 1 Corintios 13.

3. **El amor ágape nos cambia a nosotros.** La gente que no demuestra amor es gente insegura. El temor a amar es una cadena que nos mantiene atados. Pero cuando nos atrevemos a amar con amor ágape (amor incondicional), ese amor nos cambia y nos libera. Este es un amor que no renuncia a amar a pesar de las barreras. La clave de este amor es recordar y vivir tres cosas: 1) Tú tienes un Padre que te ama; 2) El amor es una elección que yo hago; 3) Yo elijo aceptar el amor de Dios en mi vida.

Conclusión. Deja que el amor de Dios, el amor ágape, domine en todos los actos de tu vida. Tú serás el primer beneficiado y podrás ser una bendición muy grande para todos los que te rodean. ¡Feliz día del amor ágape!

Amor sin medida
Lucas 15:11-32

Introducción. Normalmente el amor, tal como lo conoce la gente, es una relación basada en "te doy si tú me das, te amo, si tú me amas." Pero en esta extraordinaria parábola, el Señor nos ilustra la realidad del profundo amor de Dios, del amor ágape, que se da sin esperar nada a cambio. Hoy, cuando nuestra sociedad dedica este día a exaltar el sentimiento del amor, veamos cómo Dios entiende el verdadero concepto del amor y cómo Él espera también que nosotros amemos.

1. **El hijo de la parábola es indigno de amor.** No solo despreció estar al lado de su familia, sino que despilfarró su herencia y se dedicó a llevar una vida degenerada. En este hijo podemos vernos retratados cada uno de nosotros en nuestra actitud hacia Dios. Teniendo un Dios que nos ha dado todo, nosotros le menospreciamos y despilfarramos nuestra vida en lo que no tiene valor, y que por el contrario nos destruye.

2. **El padre de la parábola tiene un amor incondicional.** Sin embargo, sin tomar en cuenta todas las acciones equivocadas y rebeldes de su hijo, el padre está dispuesto no solo a perdonarlo sino a recibirlo de regreso con una gran fiesta. Lo normal que podríamos esperar es que el padre tuviera algo de resentimiento, que castigara a su hijo, que lo sometiera a un tiempo de disciplina. Pero en cambio de eso, sus brazos amorosos se extienden hacia su hijo, lo abraza, lo besa y lo recibe con muestras de un amor incomparable y sin límites.

3. **El otro hijo de la parábola considera que es injusto que**

su padre reciba con tanta alegría a su hijo perdido. El hijo mayor de la parábola se siente muy mal por la reacción amorosa que su padre muestra hacia el hijo rebelde. Pero su padre le dice: "Hijo, tú siempre estás conmigo, y todas las cosas son tuyas. Más era necesario hacer fiesta y regocijarnos, porque este tu hermano era muerto, y ha revivido; se había perdido, y es hallado." El padre no critica a su hijo mayor por su enfado, por el contrario le declara: "Todas las cosas son tuyas." Pero este hijo perdido hay que recibirlo y restaurarlo, porque ha vuelto a la casa arrepentido y humillado.

Conclusión. Esta es seguramente la más hermosa parábola del Señor en relación con el amor que Él tiene por la humanidad. Hoy, cuando celebramos el día del Amor Cristiano, recordemos el amor más excelso de todos: El amor que Dios mostró por cada uno de nosotros al morir en nuestro lugar en la cruz. Como el hijo menor de la parábola, andábamos alejados del Padre celestial. Pero hemos vuelto a Él arrepentidos y Él nos ha recibido con los brazos abiertos y ha hecho fiesta en el cielo por cada uno de nosotros.

Semana Santa

(Para el Domingo de Ramos):
Los dos Mesías
Lucas 19:28-44

Introducción. El pueblo de Israel siempre tuvo la idea de un Mesías triunfante, que vendría a rescatarlos de la dominación de los poderes extranjeros y a reestablecer la gloria del reinado de David. Pero, si escudriñaran con cuidado las Escrituras, verían que los profetas anunciaron que el Mesías se manifestaría en dos momentos diferentes de la historia y de dos maneras diferentes.

1. **El Mesías sufriente.** ¡Qué irónico resultaba que el verdadero Mesías de Israel entrara a Jerusalén, no como entró David, como un guerrero matando a los enemigos, sino como el más humilde de los hombres, montado en un burrito. El pueblo tendía palmas y mantos a sus pies, porque lo veían como un libertador político y un profeta, conforme a la profecía de Zacarías 9:9. Ese Cristo que entraba en un burro a Jerusalén era su verdadero libertador, el verdadero Mesías. Pero no había venido como un líder político más. Él entraba a Jerusalén para ser molido por nuestros pecados en la cruz y de esa manera liberar, no solo a los judíos, sino al mundo entero, de la esclavitud del pecado, de la muerte y el diablo, para reconciliarnos con el Padre y para establecer un reino que no tendrá fin (Is. 53). Este Cristo sufriente es el que recordamos en esta Semana Santa. Pero ese mismo Cristo sufriente es también...

2. **El Mesías triunfante.** Aquel mismo Cristo que padeció a manos de los hombres, resucitó al tercer día de entre los muertos y subió al cielo para sentarse a la diestra del Padre. Ya no es más un Cristo sangrante, golpeado por los hom-

bres y crucificado. Ahora vive y reina y volverá otra vez como el rey todopoderoso. Entonces Israel mirará a ese Rey y creerá en Él (Zac. 12:10). El Cristo que vive hoy es el que vio el apóstol Juan en su visión en la Isla de Patmos (Ap. 1:9-18).

Conclusión. Durante esta Semana Santa, tengamos presentes las dos imágenes de Cristo: 1) la del Cristo que murió en la cruz para darnos vida eterna; 2) la del Cristo resucitado, que vive para interceder por nosotros su iglesia. Ese Cristo volverá un día para establecer un reino eterno y los que creímos en Él viviremos para siempre con Él. ¡Gloria a Dios!

La bienvenida al Rey
Mateo 21:1-11; Marcos 11:1-11;
Lucas 19:28-40; Juan 12:12-19

Introducción. Los cuatro evangelios mencionan la entrada triunfal de Jesús a Jerusalén y los eventos de la pasión, muerte y resurrección del Señor, destacando así la importancia de estos eventos en la vida de Jesús. La entrada triunfal sucedió en domingo (primer día de la semana, en el relato de Juan 12:12). Fue un momento muy oportuno, porque grandes multitudes de judíos se dirigían ese día a Jerusalén a cumplir con la fiesta de la Pascua. Veamos algunos momentos importantes de esta entrada de Jesús a Jerusalén.

1. **El Rey viene montado en un asno.** Mateo 21:1-7. Este es un detalle enfatizado por los cuatro evangelistas, quienes lo conectan con las profecías de Zacarías 9:9 e Isaías 62:11 donde se predice que el Mesías vendrá humildemente montado en un asno. Con este acto, Jesús está diciéndole a la nación judía que Él es el Mesías esperado. Pero al presentarse montado en un asno, Jesús les aclara que es un Mesías espiritual y no político. El asno era el símbolo de la humildad y la paz y era usado con fines religiosos, mientras que el caballo simbolizaba la guerra y la dominación política.

2. **El Rey recibe una jubilosa bienvenida.** Mateo 21:9. La gente cortaba ramas de los árboles (los otros evangelios añaden que tendían también sus mantos). Aquel gesto era el recibimiento a un líder militar (a un emperador romano), mientras que las exclamaciones eran típicas de la cultura religiosa judía. Hosana significa "salva ahora", o "sálvanos, te rogamos." Aquí puede tener el significado

también de "¡Dios salve al Rey!", un verso cantado en las procesiones solemnes alrededor del altar en la fiesta de los Tabernáculos y en otras ocasiones. Aparece en el Salmo 118:25-26. Después de lo sucedido en Betania, ellos veían a Jesús como el Ungido, como el hijo de David. Sin duda, muchos de los que lo aclamaron eran zelotes nacionalistas que pensaban que Jesús entraba a Jerusalén para iniciar una revuelta contra el imperio romano. Fueron desilusionados cuando Jesús se dejó arrestar y murió en la cruz. Él entraba a Jerusalén para ser molido por nuestros pecados en la cruz y de esa manera liberar, no solo a los judíos, sino al mundo entero, de la esclavitud del pecado, de la muerte y el diablo, para reconciliarnos con el Padre y para establecer un reino que no tendrá fin (Is. 53).

3. **El Rey será aclamado por todos.** Lucas 19:39-40. Los judíos religiosos no querían que Jesús tuviera tanta fama entre el pueblo; estaban celosos de Él. Para ellos era una blasfemia que el pueblo aclamara a Jesús como el Mesías y tenían temor también a que los romanos pensaran que estaban promoviendo una revuelta. Por eso le pidieron a Jesús que callara a sus discípulos. En cambio de callar a la multitud, Jesús dijo que si ellos callaran, las piedras lo proclamarían también como Señor. Jesús era el verdadero Rey de los judíos y del mundo entero. Hoy sigue siendo el Señor ante el cual un día todos se arrodillarán y reconocerán como el Rey de reyes y Señor de señores.

Conclusión. En esta Semana Mayor recordamos al Jesús sufriente, pero también al Mesías que vuelve triunfante para establecer un nuevo cielo y una nueva tierra donde morará el amor y la verdadera justicia. Hoy proclamemos: "¡Bendito el rey que viene en el nombre del Señor; paz en el cielo y gloria en las alturas!"

(Para el Viernes Santo):
El desamparo de Jesús
Marcos 15:16-39

Introducción. Hoy celebramos una de las fechas más importantes de la historia: La crucifixión y muerte de Jesús. Es un día donde la palabra sufrimiento es central.

1. **¿Por qué tuvo que morir Jesús?** Porque era la única manera en que podríamos ser reconciliados con Dios. "Este es el Cordero de Dios..." (Jn. 1:29).

2. **Jesús fue voluntariamente a la cruz.** Lo hizo por amor a nosotros. (Jn. 3:16).

3. **Estando en la cruz, experimentó el abandono de Dios.** "Eloí, Eloí..." (v. 34). Era verdadero hombre y verdadero Dios. Este es un mundo de dolor a causa del pecado. Cristo sufrió para que un día no haya más dolor para todos aquellos que creen en Él.

4. **Necesitas recibirlo para ser libre del pecado.** Él no promete quitar el dolor y el sufrimiento. Pero sí te da la salvación y vida eterna que dan un nuevo significado al dolor y a todas las demás experiencias de la vida. Él está vivo hoy. Recibe su salvación.

(Para el Domingo de Resurrección):
Las cuatro victorias de la resurrección
Hechos 10:34-43

Introducción. Hoy cuando recordamos uno de los días más gloriosos de la historia, veamos algunos de los beneficios que representa para nosotros la resurrección de Cristo.

1. **La victoria sobre nuestros pecados.** (v. 43). Si Cristo solamente hubiera muerto en la cruz, pero no hubiera resucitado, todo lo que dijo que Él era hubiera sido mentira. Pero por la resurrección demostró que era Dios y tenía el poder para perdonar nuestros pecados en su sacrificio en la cruz.

2. **La victoria de la paz.** (v. 36). Por medio de su resurrección, Cristo conquistó la verdadera paz con Dios para todos aquellos que hemos puesto nuestra fe en Él. El evangelio de Jesucristo es el evangelio de la paz porque significa reconciliación verdadera, definitiva y eterna con el Padre. Él nos reconcilia también con nosotros mismos y con quienes nos rodean.

3. **La victoria del poder.** En la resurrección, Cristo derrotó todo lo malo de este mundo y universo. Si ponemos nuestra vida bajo su sombra y protección, el mal no tendrá poder sobre nosotros. Él conquistó también ese poder para nosotros. Somos más que vencedores en Cristo. El poder del Espíritu Santo, que ahora vive en nosotros, nos ayuda a vivir por encima de la tentación del pecado y nos llena de poder para ser testigos de Cristo a todas las naciones.

4. **La victoria de un propósito en la vida.** Sin Cristo, la vida no tiene sentido. Es un carrusel que gira sin parar. Pero

con Cristo, la vida está llena de sentido y de propósito. El rey David reconoció esto cuando dijo: "Mi Dios, pues, cumplirá su propósito en mí" (Sal. 138: 8).

Conclusión. Hoy, en uno de los días más maravillosos y alegres del año, regocijémonos en Dios, vivamos para Él, hablemos a otros de este Mesías triunfante y resucitado que un día ha de volver. Su victoria es nuestra victoria.

(Para el domingo después de Resurrección):
La Palabra en el camino
Lucas 24:13-35

Introducción. Después de su resurrección, el Señor se apareció a sus discípulos durante cuarenta días. Él se apareció solo a los que le conocían y le amaban, porque solo para ellos tenía valor su resurrección. Su aparición a unos discípulos en el camino a Emaús tuvo especial valor porque allí Jesús les mostró el valor de las Escrituras para la vida:

1. **Jesús era el cumplimiento del Antiguo Testamento.** (vv. 25-27). Aquellos discípulos todavía no entendían que Jesús era el Mesías prometido. Jesús se encarga entonces de explicarles por medio de las Escrituras (en este caso, el Antiguo Testamento), que Él era el Hijo de Dios, el Redentor del mundo. La invitación de Jesús es a que escudriñemos las Escrituras porque ellas son las que dan testimonio de Él y en ellas tenemos la vida eterna (Jn. 5:39).

2. **La Palabra es la luz de nuestro camino.** Salmo 119:105. En el camino a Emaús, la exposición de la Palabra de Dios fue la luz que hizo de aquella jornada, la más memorable en la vida de aquellos discípulos. Aquella Palabra fue presentada mientras ellos caminaban. La Biblia es la Palabra de Dios para el camino de nuestra vida, es a la que debemos moldearnos, cambiarnos, convertirnos en verdaderos discípulos de Jesús.

3. **La Palabra es la que transforma nuestro corazón.** (v. 32). Cuando Jesús exponía la Palabra a sus discípulos en el camino a Emaús, el corazón de estos se conmovía por dentro. Nuestra vida debe ser conmovida al ser expuestos al mensaje de la Biblia. Ella nos habla de la realidad de la

vida. "La Palabra de Dios es viva y eficaz..." (He. 4:12; 2 Ti. 2:15).

4. **La Palabra de Dios es lo que enseñamos al mundo.** 2 Timoteo 4:1-5. Como hijos de Dios estamos llamados no solo a obedecer y vivir de acuerdo a la Palabra de Dios, sino también a predicarla, a enseñarla, a compartirla con otros. Porque, "La fe es por el oír, y el oir, por la Palabra de Dios" (Ro. 10:17).

Conclusión. Durante estos días en que recordamos la resurrección y la ascensión del Señor al cielo, la palabra de Dios es el único testimonio escrito que tenemos de estos eventos. Conozcamos y vivamos profundamente el mensaje que tenemos en la Palabra de Dios.

Ser madre en tiempos de peligro
Éxodo 1:22- 2:1-10

Introducción. Amrad y Jocabed (Éx. 6:20) tuvieron a Moisés y a Aarón en un momento cuando el faraón había ordenado que todos los recién nacidos israelitas varones fueran arrojados al río (solo debían vivir las mujeres). Pero gracias al amor y al ingenio de su madre pudo sobrevivir. Veamos algunas características de esta madre excepcional en tiempos de peligro, muy similares a los que vivimos hoy:

1. **La valentía de una madre.** El río donde arrojaban los niños (El Nilo), simboliza la muerte. Los hijos de esta generación son arrojados también a un río de muerte (drogas, gangas, sexo libre, pornografía, etc). Jocabed y Amrad tuvieron a su hijo escondido por tres meses, pero un día no pudieron tenerlo más en casa. De manera que lo llevaron al río y poniéndolo en la canastilla, lo metieron entre los juncos y le pidieron a su hija María que lo vigilara de lejos. Jocabed no esperó que su hijo muriera. Hizo algo para salvarle la vida.

2. **La fe de una madre.** Hebreos 11:23 dice que Moisés fue salvado por la fe. Sus padres son puestos como héroes de la fe. Dice ese pasaje que ellos lo vieron "niño hermoso," lo cual en hebreo implica no solo el aspecto físico sino también una virtud espiritual. Su madre intuyó que iba a ser alguien especial y que Dios le protegería, como en efecto ocurrió cuando la hija del faraón recogió a Moisés del río. Dios espera también que por fe veamos la promesa que son nuestros hijos en el reino de Dios y actuemos en fe para protegerlos y guiarlos a un encuentro con el Señor.

3. **La recompensa de una madre.** La acción de Jocabed fue

premiada por Dios. La hija del faraón adoptó a Moisés, ¡y a su vez escogió a la propia madre de Moisés para que lo criara! Dios nos recompensa cuando dedicamos nuestros esfuerzos para que nuestros hijos encuentren salvación. Y qué mejor recompensa pudo tener que oír decir: "Nunca más se levantó profeta en Israel como Moisés, a quien haya conocido Jehová cara a cara" (Dt. 34:10).

Conclusión. Tanto padres como madres tenemos el llamado de proteger la vida de nuestros hijos, dándoles no solo lo necesario materialmente, sino una visión espiritual para la vida. Cada padre y madre cristiana debe entender que la responsabilidad de la educación espiritual y moral de sus hijos no es primeramente de la iglesia y menos de la escuela, sino de los padres. Damos gracias al Señor por tantas madres cristianas ingeniosas, amorosas y valientes, como Jocabed, que están criando hijos e hijas en el temor de Dios. En este día de las madres, las honramos y oramos que sigan siendo el instrumento clave de Dios en la formación de sus hijos. Este es el reto que nos presenta Jocabed, una madre excepcional.

¿Qué es una madre?

1. **Algunas opiniones:**
   - Lin Yutang: "De todos los derechos de la mujer, el más grande es el de ser madre."
   - Earl Riney: "El amor de una madre es como el amor de Dios; Él nos ama no porque nosotros seamos encantadores, sino porque su naturaleza es amor, y porque nosotros somos sus hijos."
   - Abraham Lincoln: "Todo lo que soy o espero ser, se lo debo a mi madre."
   - Anónimo: "Ser madre es ser una socia de Dios."
   - Bill Sunday: "Una madre ocupa un lugar tan importante en la creación que no hay un ángel en el cielo que no daría una mina de diamantes por venir a la tierra y tomar su lugar."
   - Anónimo: "Una madre es aquella que está ahí a tu lado cuando todos los demás te han abandonado."
   - Juan Wesley: "Mi madre es la fuente de donde yo bebí todos los principios de mi vida."
   - Pablo Picasso: "Mi madre me dijo, 'Si quieres ser un soldado, llegarás a ser un general; si quieres ser un cura, llegarás a ser el papa.' En cambio de eso, me hice pintor y llegué a ser Pablo Picasso."
2. **Lo que la Biblia dice de una madre.** Creo que la Biblia apoyaría todas las opiniones, elogios y definiciones anteriores. Pero veamos cómo la Biblia define la naturaleza y papel de las madres:
   1) *Es el principio de la humanidad.* Eva es la madre de

todos los vivientes (Gn. 3:20). Adán solo no podía tener hijos. Así, la madre es el medio inventado por Dios para dar origen a las civilizaciones, a la historia humana.

2) *Es madre de naciones.* Sara, la esposa de Abraham, fue modeladora de pueblos y de culturas. Según Génesis 17:16 no solo Abraham sería "padre de muchedumbres," sino su esposa, "madre de naciones." Sara es mencionada en un lugar de importancia, y los reyes de los pueblos vendrían delante de ella. El lugar de la madre ha sido importante en la historia, al punto de que algunos pueblos erróneamente la han elevado a la condición de diosa. A través de la historia, los hombres han gobernado, pero el papel de las mujeres ha sido fundamental en dichos gobiernos.

3) *Defensora de una nación.* En Jueces 5:7-12a encontramos a Débora defendiendo a su nación y peleando contra el rey de Canaán.

4) *Madre es la que vela por el bienestar de su familia.* La mujer virtuosa de Proverbios 31:10-31. Hace cosas que culturalmente parecen tareas asignadas al hombre, en especial el hacer negocios. (vv. 16-18). Básicamente, el mensaje aquí es que está atenta a todas las cosas de su casa. El progreso de su familia es lo primordial para ella.

5) *Madre es la que consuela, es el soporte moral y espiritual del hogar y la sociedad.* Isaías 66:13. Dios compara el consuelo que Él nos da con el que recibimos de una madre.

Conclusión. La madre es el regalo más hermoso de Dios a la humanidad después de Jesucristo. En un día como hoy, démosle la honra y el honor que ella se merece. Pero no nos limitemos solamente a hacerlo el día de hoy. Honrémosla y amémosla cada día de nuestra vida, porque su amor, como el amor de Dios, no sabe de fechas ni calendarios. Es un amor y una entrega diaria que sobrepasa todo entendimiento.

Una madre cristiana

Introducción. Como ninguna otra persona, son las madres las que influyen de manera decisiva en la formación de cada nueva generación. Este papel tan importante de la madre, coloca una delicada responsabilidad sobre ella, pero sobre todo en la madre cristiana.

1. **La madre cristiana confía completamente su misión a Dios.** Mantiene una relación constante y verdadera con Dios, que es su fortaleza. Dice Ruth Bell Graham: "Como madre, mi trabajo es hacer lo posible y confiar en Dios para lo imposible." Esta misión no puede ser cumplida exitosamente solo con la sabiduría y la fuerza humana. Por ello, la madre cristiana deposita su vida y la de sus hijos por completo en las manos de Dios.

2. **Es una mujer de oración y encamina a su familia hacia el servicio constante a Dios.** La oración es la fuente básica y primaria de toda madre. Es la conexión que mantiene a sus hijos delante de la presencia de Dios. Pero no solamente ora, sino que busca los medios para que sus hijos aprendan a servir a Dios de una manera práctica.

3. **Entiende que ha dejado de ser desempleada para siempre.** Alguien dijo con razón: "El trabajo del hombre es de sol a sol, pero el de una madre es de 24 horas." Una madre sabe que su trabajo es el mejor pagado, porque a cambio recibe el más puro amor de sus hijos y su esposo. Pero no es la esclava ni sirvienta de sus hijos. Debe poder conducir su hogar hacia un nivel donde todos cooperen —hijos, esposo— en los oficios de la casa (desde barrer, tender las camas, cocinar, lavar, planchar, etc). Sí, jóvenes, señores y

señoritas: La mamá no es la sirvienta de la casa, sino una sabia administradora llamada a ayudar a cumplir el propósito de Dios con cada familia.
Concluyendo con un poema del Internet.

Gabriela, una joven de Argentina, escribió este poema a la madre en su página en el Internet:

"Las manos de mi madre me representan un cielo
    abierto,
un recuerdo añorado, trapos calientes en los
    inviernos.
Ellas se brindan cálidas, nobles, sinceras, limpias de
    todo.
Las manos de mi madre parecen pájaros en el aire,
historias de cocina entre sus alas heridas de hambre.
Las manos de mi madre saben qué ocurre por las
    mañanas,
Las manos de mi madre llegan al patio desde
    temprano,
todo se vuelve fiesta cuando ella juega junto a otros
    pájaros;
junto a los pájaros que aman la vida
y la construyen con los trabajos,
arde la leña, harina y barro,
lo cotidiano se vuelve mágico,
se vuelve mágico."

Esta es la madre cristiana: Una mujer con una misión y una oración en los labios. Una mujer con un trabajo de tiempo completo que tiene la más hermosa de todas las recompensas: formar los hombres y mujeres que seguirán dando testimonio de la realidad del evangelio en las nuevas familias y en las nuevas generaciones.

Día de la Reforma (31 de octubre)

Lo que logró la Reforma
Juan 5:39; Hechos 4:11-12;
Hechos 2:46-47

Introducción. Hoy celebramos una fecha de gran importancia para los cristianos evangélicos de todo el mundo: Un día como hoy, el 31 de octubre de 1517, el monje agustino alemán, Martín Lutero, clavó en la catedral de Wittenberg, las 95 tesis o proclamas con las cuales da origen al movimiento de la Reforma de la Iglesia Cristiana, cuyo impacto todavía experimentamos hoy. Veamos algunos de los logros más importantes de la Reforma en el siglo 16, y su impacto en el cristianismo actual.

1. **La Reforma le devolvió la Biblia al pueblo.** Juan 5:39. Hasta los años previos a la Reforma del siglo dieciséis, solamente el clero católico —y en realidad solo unos cuantos de sus jerarcas— podían tener acceso a la Biblia. La lectura de la Biblia se hacía en la misa en latín, un idioma que ya no entendía la gente, de modo que el pueblo tenía hambre de conocer el mensaje de la Palabra de Dios. Como un regalo de Dios, justo en los comienzos de la Reforma, se inventó la imprenta, lo cual permitió la reproducción de las Escrituras en la traducción que Lutero hizo de la misma al idioma alemán. Luego se comenzó a traducir al resto de idiomas de Europa y hoy día se encuentra disponible en los principales idiomas del mundo.

2. **La Reforma recuperó el mensaje puro de Jesucristo.** Hechos 4:11-12. A lo largo de la Edad Media, el cristianismo, controlado por el clero romano, perdió su mensaje Cristocéntrico y se envolvió en tradiciones que le añadieron santos, vírgenes y supersticiones contrarias a la verda-

dera fe evangélica. Con la recuperación de la lectura de la Biblia y su exposición pública, el pueblo cristiano recuperó el único y exclusivo centro de nuestra fe: ¡el Señor y Salvador Jesucristo!

3. **La Reforma eliminó los rituales y la pompa religiosa por una adoración sencilla, personal, espiritual y moral.** Hechos 2:46-47. El cristianismo se hallaba empantanado en los rituales y las formas externas. Con la llegada de la Reforma, los creyentes volvieron a la sencillez de la fe, adorando a Dios a partir de una experiencia personal con Cristo y una vida ética y moral, fruto de esa relación con el Señor.

4. **Frutos posteriores a la Reforma.** Desde el siglo dieciséis, las iglesias que surgieron de la Reforma han continuado en un movimiento de renovación espiritual. Algunos de los frutos más importantes de los siglos posteriores hasta el día de hoy son: La recuperación del papel del Espíritu Santo en la vida de la iglesia (Hch. 1:8), una ética basada en la santidad de la vida (He. 12:14) y la responsabilidad misionera de los cristianos (Mt. 28:18-20).

Conclusión. A medida que nos preparamos para entrar al nuevo milenio, la iglesia se mantiene atenta a la voz del Espíritu Santo, anhelante por seguir reformándose para vivir cada día más en la perfecta voluntad de Dios revelada en la Biblia. Demos gracias al Señor por el Movimiento de la Reforma del siglo dieciséis. Demos gracias a Dios por los nuevos retos y la empresa de alcanzar al mundo para Cristo en nuestra propia generación.

Día de Acción de Gracias

Dando gracias en todo

Introducción. Breve historia del Día de Acción de Gracias a Dios

El Día de Acción de Gracias fue celebrado por primera vez en los tempranos días coloniales en Nueva Inglaterra. El verdadero origen, sin embargo, probablemente está relacionado con los festivales de la cosecha que son tradicionales en muchas partes del mundo. Después que la primera cosecha fue completada por los colonos de Plymouth en 1621, el Gobernador William Bradford proclamó un día de acción de gracias y oración, compartiendo con los nativos que vivían en los alrededores. En 1623, un día de ayuno y oración durante un período de sequía fue cambiado a uno de acción de gracias porque la lluvia comenzó a caer mientras los creyentes estaban orando. Gradualmente prevaleció la costumbre en Nueva Inglaterra de celebrar un día de gracias después de la cosecha. Durante la Revolución por la Independencia , el Congreso sugirió celebrar un día de acción de gracias una vez al año. En 1817 el Estado de Nueva York adoptó el Día de Acción de Gracias como una costumbre anual, y para mediados del siglo diecinueve muchos otros Estados hicieron lo mismo. En 1863 el Presidente Abraham Lincoln destinó un Día de Acción de Gracias, y desde entonces cada Presidente ha efectuado la Proclamación de un Día de Acción de Gracias el cuarto jueves de noviembre como un día nacional. El Día de Acción de Gracias es también oficial en Canadá, donde lo celebran desde 1957 el segundo lunes de octubre.

1. **¿Qué es Acción de Gracias para los cristianos?** Es un recordatorio de que todos los días debemos dar gracias a Dios, no solo el día de hoy. Esto es lo que Pablo nos quiso decir cuando escribió: "... abundando en acciones de

gracias" (Col. 2:7). Y cuando dice que debemos dar gracias en todo, nos recuerda que es una acción continua, ininterrumpida. Como indica Guillermo Hansen: "aun si pasáramos cada momento de la vida dándole gracias a Dios, nunca sería suficiente para agradecerle por todas las bendiciones que Él derrama sobre nosotros."

2. **¿Por qué debemos dar gracias?**
   1) Por la infinita misericordia que Dios ha mostrado con nosotros al perdonarnos nuestros pecados, reconciliarnos con Él, hacernos sus hijos y darnos vida eterna en su amorosa compañía.
   2) Por nuestras familias, por nuestros trabajos, por la salud, por la iglesia, por los dones... en fin, por todas las cosas maravillosas que recibimos de Él.
   3) La expresión "gracias en todo," sugiere que debemos agradecer a Dios no solo cuando las cosas marchan bien, sino cuando enfrentamos problemas. Algunos problemas que enfrentamos son simplemente la consecuencia de vivir en un mundo caído, como cuando nos enfermamos o experimentamos problemas que están más allá de nuestra capacidad de solucionarlos.
   4) Dar gracias es una actitud que debemos tener también hacia otras personas que nos hacen bien. Debemos darle gracias a la esposa o al esposo por su amor, por sus cuidados para con nosotros, a los profesores que nos enseñan, a los hijos que nos dan su amor, etc., etc.

3. **¿Cómo podemos dar gracias?** No solo comiendo pavo. Eso es complacernos a nosotros mismos. Pero diariamente tenemos muchas maneras de expresarle nuestro agradecimiento al Señor y a las personas que nos rodean. Use su imaginación y verá cuántas maneras agradables encontrará de mostrarse agradecido. Algunas de las formas como la Biblia nos enseña es cantando, ofrendando algo de valor, dando de nuestro tiempo, de nuestro servicio, etc.

Conclusión. No hay nada más hermoso y liberador que un corazón agradecido. Ser agradecido te hace feliz y alegra el corazón de los demás. Vive agradecido. Demuestra gratitud.

Navidad

(Para una serie de tres mensajes durante
los tres domingos previos a la Navidad)
Grandes frases de la Navidad

"No temas"

Lucas 1:30

Introducción. En estos primeros años del milenio, he aquí una frase de seguridad, de confianza, de parte de Dios. La anunciación a María es justo eso: Más que ninguna otra cosa, es un llamado de Dios a no temer, porque Él está en el control de la historia. Él es Señor del tiempo y del espacio. ¿De qué no debemos temer?

1. **No temer al pasado.** Muchas personas, aun cristianos, se sienten ansiosos por su vida pasada, por acciones negativas que cometieron en el pasado, las cuales les persiguen como fantasmas y les estancan espiritual, emocional y socialmente. En estas palabras del ángel a María, está la invitación a romper con los temores del pasado. Sí, Israel había fallado muchas veces a Dios, y había sufrido a consecuencia de ellos. Pero, "el pueblo asentado en tinieblas vio gran luz" (Mt. 4:16). Hoy es día de no temer al pasado, de romper con esas ataduras y ser libre.

2. **No temer al presente.** A la vez, la gente camina en temor el día de hoy. La ansiedad emocional y espiritual que le crean circunstancias negativas en el presente, le producen un estado de temor. Temor al fracaso, temor a la pérdida de la salud, temor a la pérdida del esposo o la esposa, temor a la pérdida del trabajo, temor a... Job tenía temores del pasado: "y me ha acontecido lo que yo temía" (Job 3:25b). Despójate de esos temores. La Anunciación nos revela que Dios irrumpe en la historia universal, pero

también en nuestra historia personal, como lo hizo con una humilde muchacha de pueblo en la ciudad de Nazaret. Dios se fija en nosotros, en cada uno de nosotros, y está a nuestro lado en nuestro presente, como un poderoso gigante. Mucho más que nuestro guardaespalda, es nuestro Salvador y Protector constante y eterno. Previo a la conquista de la tierra, Dios le dijo a Israel, "toma posesión... no temas ni desmayes" (Dt. 1:21). Ver también, Salmo 56:3.

3. **No temer al futuro.** Si el pasado y el presente no son una carga para algunos, sí lo es la ansiedad que les produce el futuro incierto. Pero nuevamente allí, la Palabra nos recuerda que Dios es Señor del futuro. El Salmo 23:4, nos afirma: "No temeré mal alguno, porque tú estarás conmigo." Y el Salmo 27:1: "Jehová es mi luz y mi salvación, ¿de quién temeré?" Y pensando en el futuro, el Salmista nos dice también: "No temeremos aunque la tierra sea removida" (46:2). Si nuestro destino está ligado al suyo, no tenemos ninguna preocupación: Él nos conducirá a la mejor vida imaginable, Él se encargará de llevarnos adelante de triunfo en triunfo, hasta la culminación de nuestra empresa terrenal. Entonces viviremos eternamente en su presencia y compañía.

Conclusión. La primera frase de la Navidad es "No temas." Esa es la invitación de Dios para nosotros de cara a un nuevo siglo y milenio. Una vez cada día, al despertar cada mañana, Dios nos dice: "No temas, mío eres, yo te redimí."

"Has hallado gracia"
Lucas 1:30

Introducción. Gracia es la expresión de la buena voluntad de Dios para con nosotros. Pero significa también lo que cantaron los ángeles en la Noche de Navidad: "Gloria a Dios en las alturas y en la tierra paz, buena voluntad de Dios para con los seres humanos." ¿Cómo se expresa esa buena voluntad que Dios tiene para nosotros?

1. **Gracia contra la desgracia: Al enviarnos a su hijo a redimirnos.** "Él salvará al pueblo de sus pecados." Navidad es el anuncio de la gracia, del amor de Dios para con Israel que estaba dominado por un imperio extranjero, para con el imperio extranjero que necesitaba conocer el poder del Dios de Israel, y para todas las etnias del mundo que languidecían sin esperanza en un mundo religioso pero desconectado de su verdadera fuente divina. La incursión de Jesús al mundo no tenía otro objetivo que la cruz: su finalidad era no solamente anunciarnos el amoroso interés de Dios por nosotros, sino también consumar la reconciliación entre Dios y los humanos por medio del sacrificio del Cordero de Dios.

2. **Al adoptarnos como miembros de su familia real.** Según Juan 1:12-14 recibir por la fe a Cristo como nuestro Señor y Salvador, no solo nos salva de la condenación eterna, sino que representa el contrato legal que nos convierte de hijos desheredados a legítimos hijos y herederos del reino de Dios.

3. **Al enviarnos su Espíritu Santo como guía.** Esta gracia de Dios expresa un interés permanente de Dios en nosotros: Cristo murió por nuestros pecados y resucitó para volver

al cielo. Pero al irse nos dejó al Espíritu Santo como la Persona que guía nuestra vida en cada aspecto (Jn. 16). El Espíritu Santo derramado en nuestros corazones es una muestra contundente de la buena voluntad que Dios despliega sobre todos los creyentes en Cristo.

4. **Al cuidarnos en el camino de la vida hasta que nos reunamos con Él.** La amorosa atención de Dios cubre cada aspecto, cada compartimiento, cada acción del creyente. Él nos abre el camino de una relación íntima consigo mismo cuando declara: "Si permanecéis en mí y mis palabras permanecen en vosotros, pedid todo lo que queréis y os será hecho" (Jn. 15:7).

Conclusión. Ciertamente el anuncio del ángel a María es la más maravillosa noticia del universo: la gracia de Dios, su buena voluntad, está ahora accesible a todos los seres humanos, a los de baja condición social (como María y los pescadores de Galilea), y a los de alta condición social (como Nicodemo o Juana, la esposa del Intendente de Herodes). En esta Navidad, abre hoy tu corazón y deja que la brisa de la gracia de Dios inunde tu vida, con todos sus favores y sus misericordias. Confía en Él. Su voluntad es buena para ti.

"Y todos los que lo oyeron, se maravillaron"
Lucas 2:18

Introducción. La Navidad es uno de los tiempos más evangelísticos del año. Aquella noche en Belén, los pastores vinieron al pesebre, vieron a Jesús tal como los ángeles se lo habían anunciado y maravillados corrieron a compartir esta noticia.

1. **El evento del nacimiento de Cristo no fue algo secreto.** Pese a haberse producido en condiciones de extrema humildad, el nacimiento de Cristo fue un acontecimiento público, que afectó la vida de muchos desde el primer momento: Ángeles proclamaron la gloria de Dios; Pastores de ovejas fueron testigos de aquel milagro; Herodes se enteró de aquel nacimiento; unos magos supieron del evento, y vinieron desde Oriente, posiblemente desde Mesopotamia. Cada uno de estos personajes fue afectado de una manera particular en relación con aquel nacimiento.

2. **Los ángeles proclamaron la buena voluntad de Dios.** En el mensaje que los ángeles dieron a los pastores, estaban expresando que había llegado el momento para que el mundo entero conociera que Dios tenía una buena voluntad para con los seres humanos y quería redimirlos (v. 14).

3. **Los pastores como símbolo de la iglesia.** En el relato de Lucas sobre los pastores, encontramos una expresión del llamado que tiene la iglesia a través de todos los tiempos. Veamos algunos aspectos de la reacción de los pastores al anuncio de los ángeles:

   1. Los pastores se pusieron de acuerdo en constatar el anuncio de los ángeles (también nosotros hoy día, de-

bemos vivir una fe que sea el resultado de conocer de primera mano lo que Dios ha hecho). (v.15).

2. Fueron apresuradamente (diligentemente). No se quedaron pensando si debían o no ir ver al niño (de la misma manera, todavía nosotros debemos ser diligentes en conocer las cosas de Dios). (v.16).

3. Al ver a Jesús, fueron con gozo a contar lo que había ocurrido (estos pastores fueron los primeros evangelistas. También nosotros somos llamados en la Navidad a ir corriendo a contar a otros acerca de este Niño). (vv.17-20).

Conclusión. Navidad es tiempo de proclamación de la buena nueva de que Dios ha venido al mundo para manifestar su buena voluntad para con los seres humanos. Vayamos y contemos esta noticia al mundo.

Las dos venidas de Cristo
Lucas 2:8-11; Hechos 1:6-11

Introducción. El gran teólogo alemán Jürgen Moltmann indicaba que para los cristianos, la primera venida de Cristo solo tiene sentido a la luz de su promesa de volver otra vez. La primera y la segunda venida de Cristo no pueden separarse: sin la primera venida no podría haber una segunda venida; sin la segunda venida, es difícil entender que la existencia actual es de alguna manera el reino de Dios que vino a traer Cristo. Sin embargo, cuando vemos estos dos eventos juntos, la Navidad no apunta entonces solamente hacia la primera venida, sino también a la segunda, proveyendo así a los cristianos una visión del futuro y hacia el futuro. El Adviento es, entonces, un tiempo de expectación: es el reconocimiento del hecho de que aunque Dios actuó decisivamente en el nacimiento de Jesús, todavía estamos a la espera de la manifestación plena de su reino. De esta manera, estos días de Navidad nos invitan a mirar hacia la encarnación de Cristo en el pasado, y a su segunda venida en el futuro.

1. **La primera venida:** El reino de Dios en la persona de Jesús. Cristo vino no solamente para ser Emanuel, Dios con nosotros, sino para manifestar el reino de Dios a este mundo, invitando a todos los seres humanos a ser parte de él. Es el concepto del reino de Dios el que nos provee el contexto para entender el verdadero significado de estos días de Navidad. El reino de Dios no es una entidad estática, sino una fuerza viva que alcanzó su máxima expresión en la vida de Jesús, y sigue funcionando hoy a través del Espíritu Santo.

2. **La segunda venida: Una espera activa.** Cada vez que cele-

bramos la Navidad, igual que cada vez que celebramos la Santa Cena, estamos anunciando nuestra espera de la segunda venida del Señor. Pero esta espera no es pasiva, porque el reino de Dios, al cual pertenecemos los cristianos, es un reino activo. ¿Cuáles son las actividades en las que deben estar envueltos los cristianos mientras vuelve nuestro Señor?

1) Humanizando las condiciones y relaciones entre las personas. El reino de Dios será un reino de paz y justicia. El llamado a vivir actualmente la realidad de ese reino significa amar y buscar a los demás. El reino de Dios no es de exclusión sino de inclusión; no es un reino de venganza, sino de compasión; no es de justicia solamente, sino de justicia temperada con misericordia. Esto también se aplica a nuestros mundo económico y político. La justicia del reino, demanda que luchemos por los derechos y responsabilidades humanos y civiles basados en una dignidad humana establecida por Dios. Significa justa distribución de oportunidad en el trabajo y sus beneficios.

2) Naturalizando nuestra civilización. Entendidos como el llamado a anticipar la venida de Dios, estos días de Navidad nos llaman a reconocer que el reino de Dios se extiende a toda la creación. El reino de Dios no es solo la redención final de los creyentes y de la historia, sino también de la creación que en estos momentos gime, bajo la contaminación y el maltrato, esperando la manifestación de ese reino. Durante este mes de diciembre, somos llamados a ver a través de la primera venida, la segunda venida de Cristo; somos llamados a anticipar con nuestras acciones la venida del reino de Dios. Debido a que la creación espera el reino para su cumplimiento y redención, somos llamados a ser mayordomos y trabajar también por el bienestar ecológico de nuestro mundo.

3. Haciendo del reino de Dios la actividad de la iglesia.

Finalmente, estos días de Navidad nos llaman a reorganizar y recentrar la iglesia en Jesucristo y su reino; nos llama a la evangelización y la liberación de nosotros mismos, de otros y de la naturaleza. Una iglesia que verdaderamente está esperando la venida de Cristo es una iglesia evangelizadora.

Conclusión. En esta Navidad, recordemos que el Niño de Belén vino para salvarnos, a la vez que recordamos que ese mismo Emanuel volverá por segunda vez para establecer su reino en plenitud con aquellos que pusieron su vida y su fe en sus manos. Mientras Él viene, sirvámosle con decisión en medio de un mundo que necesita con urgencia oír el único verdadero mensaje de esperanza y salvación.

¿Qué Niño nos es éste?
Lucas 2:4-20

Introducción. En América Latina en general se han tenido dos ideas erróneas acerca de Jesucristo: Para algunos es solamente un pobre Cristo, siempre sangrante y con aspecto de agonía y derrota. Para otros es alguien tan importante y tan lejano, que necesitamos de mediadores para ir ante su presencia. Ninguna de estas dos ideas nos dicen con exactitud quién es este Niño que nació hace 2000 años en una cueva-establo de Belén. Veamos lo que la Biblia nos dice de Él:

1. **Jesús existía desde antes del principio del tiempo.** En el evangelio de San Juan 1:1 se declara que Cristo es Dios. La preexistencia de Cristo le da a Él el derecho de hacer lo que Él quiera con quien quiera. Jesús estaba desde la eternidad en el cielo, siendo Él el originador de todas las cosas buenas (Jn. 3:13). Jesús compartía la gloria eterna con el Padre y con el Espíritu Santo, antes de que el mundo fuese creado (Jn. 17:5). Nadie merece mayor gloria, honor y adoración que Jesucristo.

2. **El nacimiento de Cristo fue anunciado por grandes personajes.** Isaías, Moisés y el arcángel Gabriel profetizaron el nacimiento de Cristo (Is. 9:6; Dt. 18:15; Lc. 1:26, 33). Cristo no vino en un vacío histórico, sino que su venida era esperada durante siglos por el pueblo de Israel y en el anhelo de redención de todos los seres humanos.

3. **Cristo nació en circunstancias de extrema pobreza.** A pesar de ser el Dios eterno y preexistente, escogió nacer en el lugar más humilde y miserable de todos para poder identificarse con los pobres de la tierra. A través de su

propia vida humilde y pobre, Jesús levanta y redime a los pobres y humillados de la tierra.

4. **Cristo tuvo compasión de una humanidad perdida.** Él vino a la tierra en un tiempo de gran turbulencia para rescatar a la gente de la muerte, la destrucción y el infierno. Cristo vino a la tierra por causa de su amor por todo el mundo (Jn. 3:16). Cristo tuvo compasión de las multitudes porque las vio desamparadas y dispersas como ovejas que no tienen pastor (Mt. 9:36-38). El mundo del siglo primero estaba dominado por el politeísmo grecorromano. Cristo vino a un pueblo que lo rechazó porque era una amenaza para los religiosos de su tiempo. Cristo vino a lo suyo y los suyos no le recibieron porque no llenaba sus expectativas de un libertador político.

5. **Cristo entró al mundo a través de una virgen que creyó.** Dios escogió a María, una humilde sierva suya que estaba deseosa de ser usada por Dios como Él quisiera. Dios escogió a José como el padre protector, porque Él sabía que José no abandonaría a María en su tiempo de necesidad, a pesar de las acusaciones de la comunidad.

6. **Cristo tuvo prioridades al venir al mundo.** La primera de ella fue proveer perdón a los pecadores que lo aceptaran a Él como su Salvador. Vino a rescatar a la gente de la autodestrucción del pecado. Vino al mundo no a ser servido sino a servir y a dar su vida en rescate por muchos. Vino al mundo a darnos ejemplo de cómo alcanzar a las naciones a través de la Gran Comisión (Mt. 28:19, 20).

Conclusión. Hoy, cuando celebramos la Navidad en nuestra iglesia, miramos hacia este Niño extraordinario, Emanuel, Dios con nosotros. Como hemos visto no es un pobre Cristo y tampoco está distante de nosotros. Él es todopoderoso, pero tierno y compasivo y tiene sus brazos abiertos para recibirnos hoy. Él es el único que puede llenar el vacío de nuestros corazones y darnos una vida nueva y abundante. En esta Navidad ábrele tu corazón a Cristo. ¡Él es el mejor y más importante regalo que puedes recibir!

Cuatro cosas que pueden arruinar tu Navidad
Lucas 1:39-56

Introducción. El llamado espíritu de Navidad ya está en medio de nosotros. Los jardines de las casas, las ventanas de los apartamentos, las vitrinas de las tiendas, los postes de la luz y las avenidas nos anuncian que una vez más está aquí ESE tiempo del año. Sí, el más hermoso de todos los meses. Pero también un mes de prisas y de compras, de afanes y tristezas. ¿Cómo debemos los cristianos prepararnos para celebrar el más grande acontecimiento de la historia? ¿Y cuáles son las cosas que generalmente arruinan lo que podría ser la temporada más feliz?

1. **Gastar todo tu dinero en regalos.** La sociedad —y sobre todo el comercio— nos dicen que este es el tiempo en que debemos darle regalos a cada miembro de nuestra familia y a cada persona conocida. ¿La consecuencia? Gastar más de lo que tenemos y empezar el año endeudados. Este año haz los regalos conforme Dios te haya prosperado. Pero sobre todo, comparte el regalo más valioso de todos: el regalo del amor de Dios.

2. **No ir a la iglesia.** Este es el tiempo cuando algunos cristianos acostumbran a enfocar más en la familia, y dejan de asistir a las reuniones. Por el contrario, deberían ser las semanas cuando más nos comprometemos con el Señor y cuando más venimos a la iglesia para adorar a Dios y agradecerle por lo que ha hecho por nosotros.

3. **Olvidar el propósito de la Navidad.** Para algunos este es tiempo de regalos, de comidas, de vacaciones, de invitaciones especiales. Pero en medio de todo el ajetreo de

diciembre podemos olvidar que la Navidad es sobre todo la celebración del cumpleaños del Señor Jesús y no la celebración de algún otro evento. Es el tiempo del año cuando recordamos que la Palabra se hizo carne y habitó entre nosotros para reconciliarnos con Dios y con los seres humanos y para darnos vida abundante y eterna.

4. **Olvidarte de los que todavía no conocen el propósito de la Navidad.** Finalmente, la Navidad para un cristiano no tiene sentido si no la vive en función de compartir con otros la buena noticia de Jesús, como lo hizo María en el Magnificat (Lc. 1:46-55). En esta Navidad, piensa en dar un regalo a una persona pobre y desconocida. Eso es lo que hizo Jesús con nosotros. Él vino para satisfacer las necesidades que habían en nosotros y luego nos mandó a hacer lo mismo con otros.

Conclusión. No eches a perder esta Navidad. Vive la mejor Navidad de tu vida. Dale un regalo material y espiritual a alguien que lo necesita. Ven a la iglesia y celebra con el pueblo de Dios. No olvides que Navidad es celebrar el nacimiento del Mesías nuestro Salvador y Señor. En esta Navidad, dale al mundo del gran amor con que Dios ha llenado tu vida.

El Magnificat, el canto de María
Lucas 1:46-55

Introducción. Hoy es Navidad. El más hermoso de los días del año. El día cuando celebramos a Emanuel: Dios convertido en un humilde e indefenso bebé, nacido de María, una joven virgen en la pequeña e insignificante aldea de Belén de Judá. Cuando esta joven estaba a punto de dar a luz al Hijo de Dios pronunció una de las oraciones más llenas de significado en la Escritura. Esta es la canción de Navidad, la canción para exaltar el nombre del Niño de la Navidad.

1. **Reconociendo que Él debe ser exaltado.** "Engrandece mi alma al Señor" (v. 46). María reconoce el prodigio que está ocurriendo en su matriz y no puede dejar de estar maravillada. Conmovida declara que no es ella quien tiene que ser exaltada, sino el Santo Ser que tiene en su vientre. También nosotros, frente al milagro de la Natividad solo podemos quedarnos extasiados, contemplando el amor de Dios. En este cántico, María nos recuerda la oración de Ana (1 S. 2:1-10). Un cántico de exaltación al poderío y misericordia de Dios.

2. **Reconociendo su señorío.** "Y mi espíritu se regocija en Dios mi Salvador" (v. 47). El nacimiento de Jesús, produce alegría, regocijo. María no puede contener el gozo de su corazón por ser la escogida de Dios. Cada uno de nosotros somos también los escogidos del Señor, en el cual Él desea nacer y crecer, igual como creció en el vientre de María. Y ella no solo se regocija sino que lo reconoce como su Señor y Salvador. La invitación que nos hace María en Navidad es a reconocer al fruto de su vientre como el Deseado de las Naciones, como el Mesías esperado.

3. **Reconociendo lo que Él ha hecho por nosotros.** "Porque me ha hecho grandes cosas el Poderoso" (v. 49). Navidad es la expresión del Dios que ha tomado la iniciativa de salvarnos y liberarnos de la condenación, del pecado y de la muerte. Navidad es el tiempo cuando le decimos a Dios: ¡Tú has hecho grandes cosas por nosotros! Además de la salvación, ¿qué otras cosas ha hecho el Señor por ti? No podemos enumerarlas. ¡Cada segundo de nuestra vida, Él está haciendo algo por nosotros!

4. **Reconociendo lo que Él hace por los humildes.** (vv. 50-55). Ese Bebé Jesús no solamente nació como el más humilde y pobre de los niños, sino que toda su vida se identificó con los pobres y desamparados de la tierra. Él vino "para dar buenas nuevas a los pobres, para sanar a los quebrantados de corazón, a pregonar libertad a los cautivos, y vista a los ciegos, a poner en libertad a los oprimidos, a predicar el año agradable del Señor" (Lc. 4:18-19). Navidad nos recuerda que Dios está al lado de los pobres y de los que sufren, que nunca se olvida de ellos porque Él mismo fue uno de ellos.

Conclusión. En esta Navidad nos unimos al cántico de María y magnificamos al Señor que ha hecho tan grandes cosas por nosotros y la humanidad necesitada. En esta Navidad exaltemos y proclamemos su nombre. Vivamos para Él. Celebrémosle a Él y vayamos a contar la noticia a los que viven todavía sin esperanza.